Ipnosi

dilatare la mente per conoscere e trasformare la realtà

GILBERTO GAMBERINI

Ipnosi

dilatare la mente per conoscere e trasformare la realtà

De Vecchi

Progetto grafico: Yoshihito Furuya

Impaginazione: Laura Casagrande

Redazione: Veronica Pellegrini

Illustrazioni vettoriali: © 123RF

Avvertenza. Si ricorda che la scelta e la prescrizione di una giusta terapia come di un piano dietetico spettano esclusivamente al medico curante, che può anche valutare eventuali rischi collaterali (quali intossicazioni, intolleranze e allergie). Notizie, preparazioni, ricette, suggerimenti contenuti in questo volume hanno carattere puramente informativo e non terapeutico. Pertanto l'Autore e l'Editore non sono responsabili per eventuali danni o incidenti derivanti dall'utilizzo di queste informazioni senza il necessario controllo medico (autodiagnosi, autoprofilassi, autoterapia e così via).

Per informazioni e segnalazioni:
info.devecchi@giunti.it

www.giunti.it

Via Bolognese 165 - 50139 Firenze - Italia
Piazza Virgilio 4 - 20123 Milano - Italia
Nuova edizione: gennaio 2018

Sommario

Un viaggio nell'anima

Introduzione

L'ipnosi come uno stato fluido,
come lo scorrere dei liquidi vitali all'interno del nostro corpo,
come la via dell'acqua che scorre.

Allo stesso modo di un torrente in piena a primavera, che rimuove i detriti accumulati nel suo alveo, l'ipnosi porta via e rinnova i pensieri, fa scorrere le idee nella direzione del mare, dove si perdono come vele tra i flutti. Un ciclo eterno di andate e di ritorni, poiché quell'acqua arrivata al mare si mescola e si confonde, si riassorbe ai raggi del sole, si condensa in nuvole che spinte dal vento si dirigono verso le montagne e tra le vette inviolate, quindi ricade come pioggia, neve, ghiaccio, per riprendere il suo ciclo.
L'acqua, nel suo scorrere, nutre la terra che bagna e la rende fertile, recettiva a essere seminata da nuove e feconde idee.
Erode i fianchi delle grandi montagne mutando il paesaggio.
Scava e s'insinua nei grandi massi e a poco a poco li frantuma, liberando rosso rubino, verde smeraldo e blu zaffiro. E quei sassi affrancati dalla roccia corrono nel letto del fiume, sagomandosi e arrotondandosi come biglie colorate.
E nel continuo scorrere si frantumano e diventano sabbia, spiaggia sulla quale stendersi e lasciare l'impronta del corpo consentendo all'anima di vagare nello spazio e nel tempo.

LA PERCEZIONE NON COSCIENTE

L'**inconscio** è la sfera dell'attività psichica che non raggiunge la soglia della coscienza: è il "luogo" dove vengono elaborate le emozioni e dal quale dipende gran parte del nostro "funzionamento" psicofisico, in una naturale concatenazione di eventi che prescinde dall'intervento della nostra parte cosciente.
A livello subliminale è possibile raccogliere molti più dati di quanto non si possa fare sul piano razionale. Coscientemente siamo in grado di registrare circa cinque immagini al secondo: un intervallo di tempo durante il quale la nostra parte emotiva ne fotografa almeno dieci volte tanto; lo stesso avviene sul piano delle sensazioni e dei suoni. La sfera razionale elabora i dati in maniera logica, seguendo l'esperienza e i concetti che ha delle cose; la parte inconscia, invece, li elabora e immagazzina in modo analogico, seguendo un'assonanza di immagini, suoni e sensazioni che si intersecano e si confondono fra loro.
Analizzare una nostra emozione razionalmente significa trascurare la maggior parte degli elementi che ci hanno portato a provare quell'emozione per arrivare a una conclusione logica apparentemente verosimile, ma che potrebbe non avere nulla a che fare con le cause reali dell'emozione stessa. Viceversa, possiamo parlare con l'inconscio adoperando i suoi stessi canali di comunicazione, ossia attraverso gli organi di senso, per mezzo dei quali esso percepisce e costruisce la realtà che ci circonda. Ci sono parole, suoni, immagini e sensazioni che agiscono e interagiscono direttamente con l'inconscio: evocano qualcosa dentro di noi perché ci coinvolgono, così come la poesia, la musica, un film, un romanzo o un'emozione.

Il contatto con noi stessi

L'ipnosi altro non è che uno strumento per comunicare con il nostro profondo, altrimenti chiamato inconscio.

Riappropriarci di noi stessi, di quello che siamo veramente, attingendo alle nostre potenzialità profonde, ci permette di trovare le possibili soluzioni ai nostri problemi.

Questo libro è il racconto di un viaggio che avviene attraverso l'ipnosi. Parlare di viaggio non è improprio, in quanto l'ipnosi è un percorso all'interno di noi stessi, nel profondo dell'anima, durante il quale il terapeuta ci accompagna, aiutandoci e rendendoci agevole il cammino; noi all'inizio ci facciamo guidare, ma poi proseguiamo da soli.

La fase iniziale di guida non significa dirigere dall'esterno la vita di qualcuno, tutt'altro. La guida iniziale sfrutta la conoscenza del terapeuta sui diversi condizionamenti e meccanismi che impediscono alla maggioranza delle persone di guardarsi dentro, perché, così cariche di paure, dolori e pensieri, utilizzano un unico punto di vista per cercare di trovare delle soluzioni ai propri problemi.

Questo libro è il racconto di un viaggio che ognuno di noi può compiere all'interno della propria psiche (o anima), come la chiamava Freud. Anzi, in realtà è il racconto di un viaggio che il terapeuta e il paziente compiono insieme e sullo stesso piano, durante il quale guardano delle cose, le ascoltano, le percepiscono, le gustano e quando uno dei due non capisce qualcosa, allora lo domanda all'altro e l'altro risponde. Non si porta il compagno di viaggio a diventare quello che non è, ma a recuperare quello che è.

Questo libro è rivolto a tutti coloro che vogliono rendersi conto del perché delle cose, che vogliono comprendere come funziona la

mente profonda e come avvengono i nostri processi emozionali.
Conoscerci dentro, attraverso un linguaggio che parla la stessa lingua del profondo, è un modo per riappropriarci della nostra anima perduta, vale a dire di quello che siamo e siamo sempre stati, ma non abbiamo mai avuto il coraggio o l'opportunità di lasciare emergere.
È un processo, a volte lento ma comunque inarrestabile, di conoscenza e di comprensione delle potenzialità che spesso non sapevamo di avere.
È un modo per semplificare la vita, liberandoci delle cose che non ci servono più e ricercando invece quelle che ci piacciono, quelle che sono rimaste in fondo a un cassetto, del quale, nel corso degli anni, avevamo persino dimenticato l'esistenza.
Questo libro vuole recuperare il linguaggio analogico che il nostro profondo usa per sognare e per vivere le proprie emozioni. Il recupero di questo linguaggio diventa anche possibilità di cura.

L'IPNOSI AUTORITARIA DELL'OTTOCENTO

All'epoca di Sigmund Freud, l'induzione d'ipnosi era di tipo autoritario.
Il soggetto ideale per l'ipnosi doveva essere obbediente e suggestionabile, cioè doveva accettare tutto quello che gli veniva imposto dal terapeuta; le modalità non erano dissimili da quelle che ancora oggi vengono adottate nell'ipnosi da teatro e diffuse dalla televisione.

La terapia praticata attraverso l'**ipnosi autoritaria** aveva scopi nobili, in quanto con essa si cercava un mezzo valido per rimuovere sintomi patologici, ma nella modalità impositiva del metodo si creava il paradosso di scegliere esclusivamente le persone obbedienti, andando a scartare proprio i soggetti ipnotici buoni, cioè quelli in grado di porsi da un punto di vista diverso rispetto al proprio problema e di avviare quindi un processo di guarigione, attingendo alle potenzialità profonde sopite in ognuno.

Lo stesso può dirsi per l'**ipnosi da teatro**, il cui scopo (non altrettanto nobile) è proprio quello di ottenere obbedienza, inducendo nel soggetto una trance profonda al solo fine di fare spettacolo, servendosi di individui naturalmente e facilmente manipolabili.

I soggetti vengono scelti in modo apparentemente casuale tra il pubblico; in realtà si tratta di persone che in qualche modo danno segnali di un profondo coinvolgimento emozionale inconscio.

Dopo questa prima scrematura, l'operatore li invita a salire sul palco; quindi li sottopone a delle piccole prove d'obbedienza difficilmente rilevabili, per esempio togliersi la giacca e rimboccarsi le maniche. Chi esegue gli ordini continua nei percorsi successivi, gli altri vengono rimandati tra il pubblico.

Nell'ipnosi da teatro, chi accetta di fare cose particolarmente strane è una persona molto obbediente, oppure è una persona dai desideri sopiti e nascosti che approfitta inconsciamente dell'opportunità che le si presenta.

Milton Erickson (1901-1980), uno dei maggiori esperti di ipnosi e di psicoterapia dei nostri tempi, contestò più volte l'ipnosi da teatro. Egli sosteneva, infatti, che le persone tradiscono sempre le paure che cercano di nascondere e per questo invitava spesso a osservare tutto ciò che apparentemente non è visibile. Organizzò un esperimento per evidenziare i messaggi subliminali che spontaneamente una persona trasmette. Fece nascondere a un suo studente un oggetto all'interno di un palazzo a più piani. Tenendolo per mano, Erickson riuscì a ritrovare l'oggetto nascosto, riuscendo a capire, in base alla resistenza del polso, quale fosse la direzione ove indirizzare la propria ricerca.

Limiti e indicazioni dell'ipnosi

Non esiste una terapia migliore delle altre.
Tutto quello che fa raggiungere dei risultati e fa vivere al meglio la vita è da ritenersi valido.

L'ipnosi presenta delle peculiarità rispetto ad altri tipi di terapia. Essa, infatti, **non cura un problema, ma la persona che ha quel problema**. Ciò presuppone, tra il terapeuta e quella persona, la creazione di un rapporto umano di empatia, di comprensione e di identificazione.

È un sintonizzarsi sulla stessa lunghezza d'onda, in modo che le soluzioni trovate siano completamente appaganti, perché relative al modo di essere di quella persona e non di altre.

Se non si genera questo tipo di interrelazione, se le due entità coinvolte provano fastidio o intolleranza reciproca, non è possibile che si possa instaurare un rapporto a un livello così profondo e quindi non è possibile l'ipnosi.

Ci sono inoltre dei limiti che riguardano direttamente il paziente: per esempio, non riuscire a valorizzare quello che fa rispetto a quello che non fa; voler stare meglio senza mettere in discussione quella parte o quella data situazione che lo fa stare male; pretendere che siano soltanto gli altri a cambiare, senza mutare il proprio modo di affrontare le cose.

Ci sono poi dei limiti che riguardano il terapeuta. Erickson diceva che se intendi parlare a qualcuno di suo fratello devi prima parlargli del tuo. In altre parole, solo un'esperienza condivisa permette una comunicazione inconscia emotiva, altrimenti la comunicazione si mantiene alla superficie delle cose e non riesce a interessare il profondo.

Ci sono, infine, dei limiti etici che devono

VERITÀ NASCOSTE

Una donna di una certa età presentava una chiazza d'alopecia che i dermatologi non erano riusciti a curare. Si pensò a una causa psicologica, per cui le fu consigliato un trattamento ipnotico. La donna era stata la segretaria privata del presidente di una grande azienda e per il lavoro aveva sacrificato tutto. Quando era in viaggio, il presidente la contattava continuamente per trasmetterle le disposizioni sulle cose da fare e lei doveva essere sempre disponibile. Non esistevano giorni di festa: i funzionari della società si erano infatti abituati a considerarla il loro tramite con il presidente. Lei si sentiva indispensabile e in fondo questa sensazione le piaceva. A quei tempi aveva un fidanzato che desiderava sposarla, ma lei si era resa conto che questo avrebbe significato la fine della sua carriera, per cui cercò di prendere tempo. Il fidanzato non attese a lungo e il loro rapporto finì. Negli anni a seguire non ebbe altri affetti se non quello dei genitori. Quando loro morirono, si tuffò ancora di più nel proprio lavoro.

Gli anni passarono e il vecchio presidente si ritirò lasciando il posto ai propri figli, i quali decisero di ristrutturare l'azienda e le affiancarono diverse segretarie. Lei non era più indispensabile; nessuno la chiamava più la domenica. Con il passare del tempo, si rese conto che era stata messa gradualmente in disparte. Oramai era arrivata agli ultimi mesi di lavoro prima della pensione; il suo futuro era triste, buio, di solitudine. Non aveva amici, non aveva figli, non aveva hobby, non aveva speranze: aveva vissuto la sua vita unicamente per il lavoro e ora quel qualcosa in cui lei aveva creduto non esisteva più.

Aveva quindi focalizzato sul proprio corpo le paure e le incertezze per il futuro: aveva psicosomatizzato la propria angoscia e la propria solitudine con quella chiazza d'alopecia sul capo.

Chi trattò questa persona scelse, giustamente, di non rivelarle il percorso che aveva compiuto la sua psiche, per non toglierle un frammento ulteriore di speranza, e decise di rimandarla dal dermatologo, escludendo che un fatto psicologico fosse la causa della chiazza d'alopecia.

Dire a una persona di una certa età che non può più tornare indietro per riappropriarsi di quanto ha irrimediabilmente perduto, che ha sbagliato tutto nella sua vita, certamente non l'aiuterebbe a vivere.

essere mantenuti, riassumibili nella massima evangelica di non fare agli altri ciò che non vogliamo sia fatto a noi stessi. Qualora dallo scavo della parte emotiva del paziente dovessero emergere situazioni drammatiche di cui la persona non ha conoscenza, portarle a livello cosciente significherebbe arrecare dolore e sofferenza nel presente. In tal caso la scelta etica dovrebbe essere quella di lasciarle dove le si è trovate, sepolte per sempre nell'inconscio, come nell'episodio della signora malata d'alopecia (vedi p. 16, *Verità nascoste*).

INDICAZIONI E CONTROINDICAZIONI

Non esistono controindicazioni all'ipnosi terapeutica. Le indicazioni possono essere, invece, quelle della medicina, della chirurgia e della psicologia. È opportuno puntualizzare che l'ipnosi, in base alle conoscenze attuali, è prevalentemente applicabile alle malattie psichiche non psichiatriche e alle malattie fisiche per quel che riguarda la loro componente psicosomatica. Può essere praticata in analgesia e anestesia.

D'altra parte è necessario aggiungere che a livello psichico **come ci sentiamo di essere, certamente potremo essere**. In questa frase si intravedono moltissimi sviluppi e applicazioni. Qualcuno ricorderà il caso di Enzo Tortora. Si disse che il tumore che aveva contratto in carcere poteva essere frutto di una profonda sofferenza dell'anima, che lo avrebbe portato a una depressione fisica e immunitaria, fino al punto di farlo ammalare.

Al riguardo non esistono elementi certi; tuttavia, quello che sembra apparentemente impossibile e non dimostrabile è comunque sempre relativo alle nostre conoscenze attuali. Esistono a tale proposito esempi emblematici che fanno riflettere. Ci sono persone che affrontano la malattia in un certo modo. Decidono di non ascoltare i propri disturbi, si riempiono di impegni che realizzano nel presente e di progetti per il futuro, decidono di curarsi stando il più possibile nel loro ambiente famigliare e di lavoro, continuando a coltivare hobby e passioni. In altre parole decidono di vivere, malgrado tutto. Queste persone sembra che vivano più a lungo di altre che hanno lo stesso problema.

L'ipnosi sarebbe indicata prevalentemente per i disturbi di tipo nevrotico (ansia, stress, insonnia, disturbi psicosomatici) ma, a volte, è applicabile anche agli psicotici. **Al di là delle diagnosi, quello che conta è riuscire a stabilire un rapporto con il loro mondo**. Se ci permettono di entrare, se ci lasciano comunicare, potrebbero anche accettare un modello di vita diverso dall'irrealtà. L'ipnosi è una grande possibilità, che non andrebbe trascurata.

È possibile anche affrontare un problema sconosciuto, che non viene comunicato dalla persona, perché preferisce mantenerlo segreto. Attraverso l'ipnosi, realizzare una regressione temporale, ossia ritornare indietro nel tempo, è possibile. Basta lasciare emergere

la lunga fila dei ricordi. Il segreto è rivivere quei momenti come se la persona fosse realmente là, e non parlare semplicemente di quei momenti passati.
L'ipnosi può servire per ricercare le ragioni inconsce emotive di un certo comportamento non spiegabile in modo razionale. Capire, che non vuol dire giustificare, è un modo per comunicare e mettere in moto dei cambiamenti che possono portare a una possibile guarigione.
Con l'ipnosi possiamo anche stimolare l'attenzione, la memoria, l'apprendimento, la duttilità del nostro essere e ottenere rilassamento e armonia interiore.
L'ipnosi non è sostitutiva di terapie mediche o psichiatriche, ma complementare. **È una possibilità di cura che parte dall'interno di noi stessi, che completa e integra le cure fatte dall'esterno** e a volte le supera. **L'ipnosi non si ferma all'apparenza delle cose e delle diagnosi, ma va oltre.** La possibilità di cura parte da dentro noi stessi. Se lo vogliamo, in molte situazioni possiamo essere più forti della malattia.

CREDERE NELL'IPNOSI?

Erickson diceva: «Mi aspettavo proprio che lei non credesse appieno nell'ipnosi, dato che non l'ha ancora provata personalmente». Un modo legittimo per credere nell'ipnosi è quello che passa attraverso le proprie esperienze personali. Ci si crede perché lo si è provato. Ricordo quando frequentavo la scuola di formazione a Bologna. Durante uno di quei seminari fui messo sotto ipnosi: fu un'esperienza tanto piacevole che, nel mio viaggio di ritorno, decisi inconsciamente di continuare. Si trattò di una forma di autoipnosi o, più precisamente, un riaccesso spontaneo a un precedente stato di trance.
Andando oltre la mia esperienza personale, vorrei tornare al discorso del credere nell'ipnosi. **L'ipnosi non è una religione, ma l'utilizzo di una serie di strumenti che alterano lo stato di coscienza, per arrivare a un obiettivo che risponda ai bisogni della persona.**
I risultati ottenibili con l'ipnosi dipendono, per quel che riguarda il soggetto, dalle sue motivazioni e dalla sua disponibilità; per quel che riguarda il terapeuta, dalla sua abilità e dal suo uscire da rigidi schemi di riferimento personali; per quel che riguarda entrambi, infine, dal rapporto che si crea tra i due.
Possedere una risma di carta non significa necessariamente essere in grado di scrivere un romanzo. In altre parole: un conto è possedere gli strumenti, un conto è imparare a utilizzarli. Per poterli usare, il terapeuta deve passare attraverso un processo di formazione, affinché possa trasmettere alla persona non una serie di tecniche, ma una sincera comunicazione inconscia. Non è necessario credere ma, piuttosto, essere credibili.
Arone di Bertolino afferma a proposito dell'ipnosi: «Neanch'io ci credo, la uso!». Neanch'io credo nell'automobile, però la uso per arrivare a destinazione.

Lo stato d'ipnosi

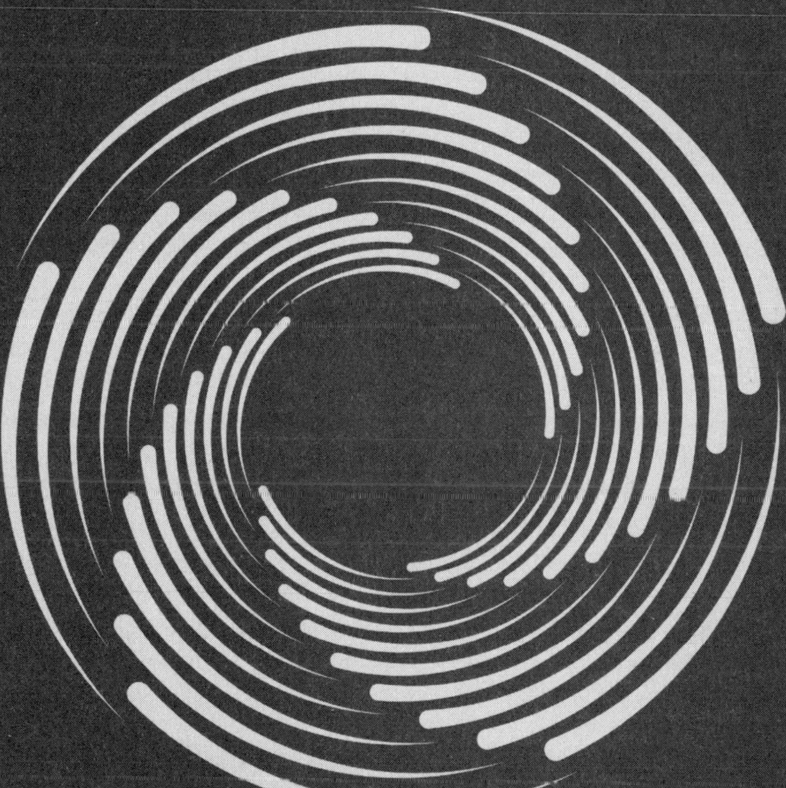

La trance

Tutti sono ipnotizzabili, poiché a livello terapeutico è sufficiente una trance leggera. Anzi, più la trance è leggera, più la persona collabora e persegue i propri scopi.

La trance è il sinonimo dello stato mentale d'ipnosi. Esiste però la comune trance di tutti i giorni, che noi proviamo in ogni momento in cui "facciamo una pausa" e lasciamo vagare la mente.
Il sogno si potrebbe definire una situazione di trance profonda, in cui predomina nettamente l'inconscio, che, con il suo linguaggio analogico attinto dal serbatoio complesso dei ricordi e dei messaggi subliminali, crea un suo film privato. Una madre che tiene il proprio bambino tra le braccia, che lo accarezza, che gli fa sentire il suo odore, il sapore dei suoi baci, che gli racconta con voce dolce una favola coinvolgente piena di immagini fantastiche e che lo guarda con amore facendolo sentire al centro del suo universo, lo mette senza dubbio in uno stato di trance; infatti, in quella particolare situazione, l'attenzione del bambino, piena di aspettative positive, è completamente coinvolta.
Ognuno di noi ha nel suo vissuto una canzone che lo coinvolge in modo particolare. In quei momenti abbiamo piena coscienza di dove siamo ma la nostra mente vaga, rivive emozioni, immagini e sensazioni. In quei momenti la nostra attenzione è focalizzata dentro di noi e l'ambiente che ci circonda scompare per libera scelta. È un sogno a occhi aperti, che non è sogno vero e proprio, perché sappiamo sempre dove siamo, né è realtà, perché volutamente ce ne distacchiamo. È uno stato naturale che noi stessi guidiamo in una certa direzione.
Quando vediamo un film che ci appassiona, partecipiamo alle sensazioni che esso susci-

ta, ci commuoviamo per le scene maggiormente coinvolgenti, viviamo insieme agli attori le stesse emozioni: in quei momenti siamo in trance, perché usciamo dalla nostra realtà, anche se comunque sappiamo che è solo un film.

Quando sfogliamo un vecchio album di fotografie riviviamo parte della nostra vita passata, viaggiamo come se ci trovassimo in una macchina del tempo: si tratta di una regressione temporale autoprovocata.

A volte abbiamo delle vere e proprie allucinazioni visive e sensoriali spontanee. Per esempio, sentendo l'odore del pane vicino a una panetteria mentre camminiamo per strada, può emergere un ricordo dimenticato e farci ritrovare per un attimo in un altro tempo e in un altro luogo.

Ci sono poi delle situazioni in cui abbiamo una percezione alterata dello scorrere del tempo. Quando viviamo momenti molto drammatici dal punto di vista emotivo, il tempo sembra fermarsi. Viceversa, il tempo sembra scorrere troppo velocemente quando viviamo situazioni molto piacevoli.

Un'azione ripetitiva, monotona, quasi automatica, può costituire la molla che fa scattare un alterato stato di coscienza. Per esempio: quando siamo alla guida di un'automobile, specie percorrendo una strada abituale, ci accorgiamo all'improvviso di aver percorso molti chilometri e di essere giunti a destinazione senza essercene veramente resi conto.

Durante una conferenza, quando l'argomento diventa noioso oppure la voce dell'oratore è monotona, spesso ci distacchiamo volutamente da quel luogo e, pur rimanendovi con il corpo, permettiamo alla nostra mente di vagare in altri spazi e in altri luoghi.

In generale possiamo parlare di ipnosi e del suo stato mentale, cioè della trance, quando i suoni e le parole che ascoltiamo, le immagini che vediamo e le sensazioni che percepiamo non vengono elaborate solo per quello che sono, ma diventano uno stimolo per una serie di collegamenti e di immaginazioni interiori.

La trance è uno stato mentale naturale, che viviamo spontaneamente diverse volte al giorno: l'esperienza più familiare è quella del sogno a occhi aperti.

Nella trance l'attenzione è focalizzata all'interno di noi stessi.

Nella trance terapeutica, la persona "stacca la spina" dalla realtà spazio-temporale attuale, con l'unica eccezione della presenza fisica e della voce del terapeuta.

Più la trance è leggera, più i canali di comunicazione tra il terapeuta e il soggetto in ipnosi sono aperti.

Maggiore è l'interazione tra il terapeuta e l'individuo, più si apprezzeranno i vantaggi di questo approccio: la persona può comunicare il suo assenso o il suo diniego per quanto viene fatto. Una trance molto profonda, ossia con il soggetto addormentato, può invece addirittura dimostrarsi totalmente inutile ai fini terapeutici.

Un'esperienza coronata dal successo, che venga provata dalla persona in stato di trance, può aiutare quest'ultima a rimuovere blocchi, può diventare una realtà da aggiungere al proprio bagaglio di ricordi e indurre aspettativa di ulteriori successi.

PROFONDITÀ DELLA TRANCE

La profondità della trance dimostra solo se stessa: non è importante, anzi, paradossalmente, una trance profonda potrebbe rivelarsi controproducente, diminuendo i canali di comunicazione tra il terapeuta e la persona. Quello che importa è invece la collaborazione reciproca, oltre alla reattività e alla ricettività del soggetto.

È opportuno che i due si mantengano in contatto, qualunque sia lo stato di profondità dell'ipnosi, perché, se il desiderio di parlare viene assecondato, aumentano le possibilità terapeutiche.

Non è importante valutare il grado di intensità dell'ipnosi, ma raggiungere gli scopi e gli obiettivi che il trattamento ipnotico si pone. Spesso una persona non sa di essere in trance, perché si sente completamente sveglia e perché le sue aspettative riguardo alla trance erano diverse. Convincerla richiederebbe uno sforzo inutile, perché servirebbe soltanto a dimostrare la forza del terapeuta, laddove la coercizione, l'obbligo, il condizionamento, sempre se possibili, vengono vissuti da ciascuno di noi come un'invasione del proprio profondo e, quindi, rifiutati.

A livello psichico, si riscontra un comportamento simile a quello che avviene a livello fisico quando un agente esterno tenta di entrare nel nostro organismo: il corpo reagisce creando gli anticorpi che lo combattono. Può succedere che l'elemento estraneo sia talmente forte da riuscire nel suo intento: in tal caso subentra uno stato di malattia.

Quando invece, a livello fisico, riceviamo dall'esterno un substrato in grado di fornire energia alle nostre reazioni, allora lo accettiamo e lo ricerchiamo. L'ipnosi e il suo stato mentale, cioè la trance, sono questo substrato. Se l'ipnosi si svolge attraverso la parola, allora la nostra psiche va alla ricerca di altre parole.

SEGNI FISICI DELL'IPNOSI

I muscoli del viso si rilassano. I movimenti corporei sono più solenni, quasi faticosi. Compaiono piccole contrazioni delle dita o di altre parti del corpo. La respirazione è più lenta e profonda; lo stesso avviene per il battito cardiaco. In generale si avvertono rallentamenti delle funzioni corporee percepibili. Si riscontrano anche dei mutamenti del modo di guardare, come l'occhio perso nel vuoto, e variazioni dell'accomodamento visivo non rapportabili alla realtà esteriore.

Vi sono dei segni oculari particolari, come il battito rapido delle palpebre, che viceversa, quando il soggetto è addormentato, sono chiuse e ferme, mentre i bulbi si muovono rapidamente (fase REM): tale movimento indica una visualizzazione in atto.

I segni oculari appena descritti possono mancare quando lo stato alterato di coscienza si manifesta a occhi aperti. In tal caso, osservando il movimento degli occhi, il terapeuta può rendersi conto se la persona sta visualizzando fuori oppure dentro di sé; se la persona sta provando delle sensazioni oppure se sta ascoltando la voce del terapeuta o il suo profondo. I segnali che l'osservazione degli occhi fornisce sono dei canali di accesso per mettersi in comunicazione con il soggetto.

La guarigione

Quando siamo accettati da qualcuno siamo anche disposti a cambiare, se il cambiamento porta a un miglioramento della nostra vita.

Nella sua *Ristrutturazione della vita con l'ipnosi*, Erickson si chiede: «Dovremmo cercare di eliminare quella causa che è così profondamente sepolta, oppure cercare di correggere il comportamento di oggi, la vita di oggi e la vita di domani, della settimana prossima, del mese prossimo, dell'anno prossimo?».

È difficile rispondere a questa domanda in modo assoluto. Se una persona ha la fobia di guidare l'auto, potremmo affrontare il problema andando a cercare nel suo passato le cause che hanno fatto nascere in lei proprio paura.

A volte, però, uno scavo psicologico profondo può portare a individuare motivi che magari non hanno nulla a che fare con il problema: andando a cercare, il rischio è proprio quello di trovare. Non solo: si rischia di perdere molto tempo e intanto la vita va avanti con altri e nuovi problemi, e saremo sempre in ritardo per affrontarli. Infatti, non riuscire a guidare la macchina comporta tutta una serie di limitazioni che impediscono di vivere moltissime esperienze nel presente.

Viceversa, occuparsi solo del problema, senza accertarne le cause, potrebbe comunque rappresentare un limite. Io credo che la risposta alla domanda di Erickson sia intermedia fra le due soluzioni estreme.

Innanzitutto credo che sia necessario, per poter cambiare le cose, accettare e capire il problema della persona. Infatti, quando siamo accettati da qualcuno, siamo anche disposti a cambiare, se il cambiamento porta a un miglioramento della nostra vita.

È necessario far comprendere alla persona che siamo al suo fianco, che siamo il navigatore e, a volte, l'istruttore per la sua prima lezione di guida.
Potremmo cominciare da zero, senza dare nulla per scontato. Potremmo iniziare in una situazione protetta e simulata della realtà, come può essere la seduta d'ipnosi. Potremmo iniziare con i rudimenti teorici della guida e poi sederci in auto uno accanto all'altro.
All'inizio, invertendo i nostri ruoli, potrei essere io a guidare, facendole comprendere quanto possa essere piacevole ricominciare un'esperienza con spirito nuovo. Mentre guido, potrei descrivere alla persona quello che vedo davanti a me, rendendola partecipe delle mie emozioni. Potrei descriverle quello che vedo dallo specchietto retrovisore, oppure dal finestrino alla mia destra o, magari, parlare di quel grande albero, laggiù sulla sinistra. Potremmo fare tante cose che in questo momento neanch'io posso immaginare, perché ho bisogno della presenza fisica della persona per comprendere qual è la strada giusta, qual è il modo migliore di operare.
Nel corso delle sedute successive potremmo anche parlare del più o del meno, come si fa abitualmente in macchina per far trascorrere il tempo. E in quel discorrere, potrebbero emergere delle indicazioni utili per capire le ragioni inconsce sepolte nel suo passato o, meglio, apparentemente nascoste.
Tuttavia, come già detto in precedenza, qualora dal passato emergessero delle cause più angosciose (che l'inconscio della persona ha

volutamente celato per il suo bene) rispetto alla semplice limitazione di non poter guidare, sarebbe opportuno e preferibile non portarle a livello cosciente.

Tornando alla persona che ha paura di guidare, potremmo fissarci degli obiettivi intermedi, che servono per darle fiducia e nuovi input per lavorare sul suo problema.

A volte ci si sente impotenti nel non riuscire a scalare l'Everest, ma certamente l'obiettivo non è congruo con le nostre attuali possibilità.

È certamente facile e possibile iniziare con passeggiate in collina, per poi passare a sentieri di montagna e poi, ancora più avanti, alle prime vette sulle ferrate e infine alle prime scalate. E poi sempre più su, in un processo apparentemente più difficile, in realtà sempre più facile perché progressivo nel tempo, senza forzature.

Passo dopo passo, dandosi del tempo, certamente si potrà raggiungere l'obiettivo finale.

L'intento è quello di far percorrere alla persona brevi tratti alla guida dell'auto, dapprima nella situazione protetta e simulata della seduta d'ipnosi, poi magari nella realtà, in situazioni tranquille: per esempio in grandi spazi, senza altre auto che possono accrescere la tensione o la paura della persona, che altrimenti potrebbe aumentare, come una marea montante, fino ad arrivare alla crisi di panico.

Se riusciremo a farle percorrere brevi tratti, le daremo l'opportunità di compiere le prime esperienze positive e le creeremo le prime sicurezze.

Le daremo quella forza interiore che nasce dalla fiducia in se stessi e riusciremo così a farle capire che le sue future possibilità dipenderanno completamente da lei.

In tale stato mentale di positiva fiducia nelle proprie possibilità e di piacevole aspettativa per il futuro, è molto più facile (e opportuno) cercare le cause del problema.

L'induzione dello stato d'ipnosi

Per il terapeuta, il modo migliore di comunicare è trasmettere quello che sente: la spontaneità dà credibilità, l'artificio crea disagio.

L'IPNOSI FORMALE

L'ipnosi formale o diretta comporta la presenza di un'evidente e graduale fenomenologia della trance, cioè di segni obiettivamente rilevabili e visibili: per esempio la comparsa di una serie di fenomeni come la chiusura delle palpebre e la levitazione di un braccio.
La fenomenologia, quando esiste, dimostra solo il raggiungimento di una profondità della trance media o alta, che può essere utile ai fini didattici dimostrativi, ma che comunque non è essenziale, perché l'assenza di una fenomenologia non dimostra la mancanza dello stato d'ipnosi.
La ricerca a tutti i costi di fenomeni rappresenta una forzatura e una coercizione nell'ambito del rapporto terapeuta-paziente, che deve invece mirare all'ottenimento di un mutamento interiore.

L'IPNOSI INFORMALE INTERRELAZIONALE

Nell'induzione d'ipnosi, l'attenzione della persona può essere focalizzata al suo interno, per esempio sulle sensazioni che provengono dal proprio corpo; oppure all'esterno, per esempio su un'immagine.
Per Erickson, l'induzione d'ipnosi informale era semplicemente il processo del ricordare. A una persona del tutto estranea potete chiedere di parlarvi di un luogo in cui è stata e che voi non avete mai visto. La stimolate a

parlarvi di quel particolare luogo e la portate a evocare delle sensazioni provate.
L'ipnosi informale avviene nelle situazioni naturali, spontanee della vita d'ogni giorno in cui si hanno dei cambiamenti della mente profonda, a volte non percepibili. A livello terapeutico, può svilupparsi durante un normale colloquio, qualora s'instauri un particolare tipo di comunicazione che tiene conto delle modalità di funzionamento della nostra parte inconscia, per esempio usando dei termini vaghi: è proprio l'incompletezza della comunicazione che la rende operativa. **In pratica, il terapeuta fornisce l'input e la persona, se è d'accordo, ci mette il contenuto.** Lo stesso tipo di comunicazione, fatta a livello razionale, non avrebbe lo stesso impatto, in quanto non evocherebbe alcunché e metterebbe in evidenza solo delle lacune della comunicazione, a livello di informazioni fornite.
Nelle induzioni informali non è riconoscibile l'uso di una tecnica. **Se si usasse una tecnica, per quanto perfetta nella sua esecuzione, senza tenere conto delle reazioni della persona, l'operatore non sarebbe credibile né avverrebbe una comunicazione.**
Il modo migliore per il terapeuta di comunicare è trasmettere quello che sente: la spontaneità dà credibilità, l'artificio crea disagio. Le istruzioni vengono date come suggerimenti aperti, continuamente modificabili in rapporto alle reazioni e al comportamento del soggetto. Ogni essere umano ha infatti una visione del mondo diversa: quando non la si comprende, bisogna chiedere qual è; viceversa, interpretare e classificare secondo i propri schemi mentali induce in errore e fa perdere un sacco di tempo.
Tra quanto gli viene proposto, il paziente sceglie in piena libertà ciò che più gli aggrada, e diventa il compagno di un viaggio che si compie insieme. Strada facendo, il rapporto si approfondisce e l'inconscio si apre a ventaglio, valutando ed elaborando le prospettive e le alternative suggerite dal terapeuta.

LA STRUTTURA DELLE INDUZIONI D'IPNOSI

Dare un approccio sistematico all'ipnosi è complesso, poiché spesso nell'induzione si usano insieme diverse modalità operative. Alcuni elementi, inoltre, possono essere letti da diversi punti di vista e avere più significati: di conseguenza, la codificazione di una struttura appare come un limite che bisognerebbe sempre superare. Da un punto di vista didattico ed esplicativo, in tutte le induzioni d'ipnosi è comunque possibile identificare una struttura, ossia una catena progressiva e naturale di eventi che portano a uno stato alterato di coscienza e permettono un'utilizzazione a fini terapeutici di quanto è stato ottenuto.

La struttura è ricollegabile alle seguenti diverse modalità di comunicazione.

• **Modalità non razionali che hanno un particolare impatto e raggiungono direttamente la parte emotiva.**

Si tratta delle cosiddette istruzioni paradossali: lo spiazzamento, il paradosso, la prescrizione del sintomo e il doppio legame. Se accettate dalla persona possono essere terapeutiche, cioè avviare un mutamento interiore, anche nei momenti iniziali dell'induzione. Quando vengono accettate, le istruzioni paradossali sono veramente il linguaggio del profondo, perché superano la barriera della nostra parte razionale. Se vengono accettate significa che, al di là di tutti gli schermi che la persona si è creata, hanno colpito nel segno.

Le istruzioni paradossali sono l'espressione del modo in cui la parte emotiva valuta veramente le cose.

• **Modalità necessarie per creare il rapporto e comunicare con la parte emotiva.**

Ricadono in queste modalità i messaggi positivi, le battute e le sdrammatizzazioni; le comunicazioni in sequenza e l'uso particolare della voce e della parola; l'elaborazione degli elementi e delle situazioni ambientali e personali; le istruzioni aperte date come possibilità; la rappresentazione della realtà della nostra parte emotiva; le resistenze, ovvero l'elaborazione delle reazioni della persona.

• **Modalità per utilizzare la comunicazione con la parte emotiva, proponendo dei cambiamenti.**

Esse comprendono: la ristrutturazione e la regressione; le metafore; la suggestione postipnotica. Mentre la ristrutturazione, la regressione e la suggestione postipnotica vengono generalmente proposte verso la fine dell'induzione, le metafore possono essere inserite in qualsiasi momento: verso l'inizio possono servire per instaurare un rapporto; verso la fine possono contenere un messaggio che propone un cambiamento, in un modo dolce e indiretto.

Le istruzioni paradossali

Lo spiazzamento

«Non fate mai le cose che gli altri si aspettano facciate».

È questo il motto dello spiazzamento e, forse, la formula stessa dell'ipnosi.

Lo spiazzamento è l'interruzione dello schema mentale che la persona sta usando in quel momento.

È qualcosa di inaspettato, strano, inaccettabile, che avviene in modo talmente rapido che lo schema di riferimento mentale non riesce ad adattarsi, il soggetto resta momentaneamente bloccato e va in tilt.

Lo spiazzamento è un evento che fa spesso parte della nostra esperienza quotidiana; in genere è di breve durata ma, in quel preciso momento, la persona è recettiva a ulteriori suggestioni perché perde gli schemi di riferimento abituali. Gli ipnotizzatori da teatro sono abili a cogliere quell'attimo e lo usano per dimostrare la propria potenza. Nella terapia medica ipnotica può essere un momento iniziale, assolutamente non necessario, che il terapeuta può usare quando si presenta l'occasione. Non rappresenta quasi mai una psicoterapia, ma può essere utile per distogliere la persona da ragionamenti ossessivi, ripetitivi, e negli schemi rigidi di riferimento, quando il discorso razionale del terapeuta non riesce a far presa, perché la persona lo metabolizza troppo rapidamente, oppure perché lo trova obsoleto.

Può essere quindi un modo per entrare in comunicazione con una persona che potremmo definire resistente, per creare il rapporto.

Consideriamo l'esempio di un caso di induzione informale d'ipnosi in cui lo spiazzamento rappresenta l'elemento iniziale dell'induzione.

NUDITÀ

Un giorno d'estate, in una località balneare, una donna anziana entrò in un bar affollato con una grossa borsa in mano; si avvicinò al banco e ordinò con estrema gentilezza un cappuccino, poi, con un radioso sorriso, chiese a uno dei baristi dov'era il bagno. Le fu indicato. Vi entrò. Dopo aver ripiegato con cura gli abiti che indossava, si tolse anche gli slip e il reggiseno e infilò il tutto nella borsa. Uscì dal bagno completamente nuda, con la borsa in una mano. Con calma, si diresse al banco e con il suo solito sorriso chiese al barista di portarle il cappuccino al tavolo. Il barista impiegò un certo tempo per rendersi conto di quanto stava succedendo, infatti le rispose: «Certo, signora, glielo porto subito!». E restò imbambolato a guardarla mentre lei, dopo un rapido dietrofront, si diresse ai tavoli posti all'esterno. Passarono diversi minuti prima che qualcuno del locale prendesse una tovaglia e la ricoprisse alla meglio, nell'attesa dell'arrivo dei vigili. Lei intanto ebbe tutto il tempo di sedersi in un tavolo libero e di appoggiare al suo fianco la borsa, dalla quale estrasse una rivista che cominciò a leggere tranquillamente, in attesa del suo cappuccino.

Tutti quelli che la guardavano restarono sconcertati e bloccati dalla sua completa nudità, dal fatto che non se l'aspettavano da una persona di quell'età e dalla sua naturale serenità.

LA GELOSIA DI DARIO

Un giorno venne a consultarmi una madre con il figlio di dieci anni, Dario. La madre era molto ansiosa e preoccupata. L'atteggiamento del figlio era di estrema tensione e insofferenza: si torceva le mani, presentava dei tic oculari e non riusciva a restare fermo sulla poltrona; non vedeva l'ora di andarsene e non aveva alcuna intenzione di collaborare. Evitava di guardarmi in viso e, mentre la madre mi esponeva il problema, la guardava sfidandola e la aggrediva a male parole.

Attesi che la madre mi esponesse il caso senza mai smettere di osservare il ragazzo. Osservare una persona nei suoi movimenti, negli atteggiamenti, può fornire innumerevoli spunti per scegliere dove e come intervenire.

La madre mi raccontò che Dario era il primogenito. Aveva un secondo figlio, Mauro, di sei anni, affetto da un grave handicap psichico fin dalla nascita; il problema però riguardava Dario.

Il bambino era manesco a scuola, rispondeva in maniera maleducata agli insegnanti ed era insofferente a qualunque disciplina. Il papà aveva provato a prenderlo con le buone, senza alcun risultato. A scuola, il suo rendimento era sempre più scarso e, per l'ultima mancanza che aveva commesso, era stato sospeso. Gli insegnanti avevano detto chiaramente che, continuando così le cose, lo avrebbero bocciato, e consigliavano un trattamento psichiatrico. I genitori dei compagni di scuola che erano stati picchiati avevano minacciato di ricorrere ai carabinieri e avevano aggredito il padre di Dario a male parole, tanto che in quell'occasione, esasperato, dopo essere tornato a casa aveva avuto un'accesa discussione con il figlio. Dario, con il suo atteggiamento di sfida, lo aveva esasperato ancora più di quanto già non fosse, al punto da perdere del tutto la testa e picchiarlo. Dario aveva reagito con altrettanta violenza, dandogli un calcio. Quella sera il padre aveva pianto a lungo per l'impotenza che sentiva.

Durante il racconto della madre, quando il bambino la sentì parlare degli insegnanti, con scoramento e sufficienza disse: «Tanto voi date sempre ragione a loro!». Quando invece la donna parlò del marito che aveva pianto, Dario si commosse e pianse a sua volta.

La madre, in piedi accanto alla poltrona del figlio, lo consolò prendendogli la testa e appoggiandola al suo grembo. Dario si strofinò a lei come un gattino spaurito e si rilassò un po'. Ma appena lei si allontanò, riprendendo a raccontare, in lui riprese tutta la tensione.

La madre raccontò che il figlio più piccolo non le dava alcun problema. Le insegnanti dell'istituto dove lo portavano ogni giorno erano contentissime di lui, perché dolce e affettuoso.

Loro, come genitori, dovevano fare tanti sacrifici e dedicare tanto tempo a quel

bambino venuto al mondo così sfortunato. Il padre aveva rinunciato a trasferimenti che sarebbero stati utili per la sua carriera, scegliendo un lavoro vicino a casa per essere il più possibile presente e per non lasciarla sola. Possibile che Dario non capisse? Possibile che lui, che era sano, si comportasse così? Quando i due fratelli erano insieme, lei doveva sempre sorvegliarli perché Dario, appena lei girava l'occhio, picchiava il piccolo e lei era costretta a intervenire, perché Mauro si metteva a urlare disperato. A volte doveva dare, suo malgrado, una sberla a Dario perché, nonostante il suo intervento, non smetteva di maltrattare il fratellino. Quando succedevano questi episodi, Mauro si agitava e si impauriva molto, per cui di notte i genitori lo facevano dormire nel loro letto. Alle parole della madre Dario reagì con un misto di rabbia e di dolore, dicendo: «Mamma, tu non hai visto! È lui che mi provoca, perché sa che tu e papà lo difendete sempre!».
La madre si aspettava da me che le dessi manforte. Si aspettava che le dicessi che era giusto che loro si dedicassero prevalentemente a Mauro, visti i bisogni e i problemi che aveva. Dario ugualmente si aspettava che gli dicessi che doveva essere bravo e buono, visto che...
Io invece feci una cosa paradossale, del tutto inaspettata, che lo spiazzò, anzi li spiazzò entrambi. In tono duro, senza comprensione alcuna, dissi a Dario: «Basta! Io non voglio più parlare con quel deficiente di tuo fratello! Fa le cose di nascosto e poi dà la colpa a te! Basta! Io non voglio più parlare con chi fa la carogna alle tue spalle! Io voglio parlare con Dario, quello buono!».
La madre, fuori della grazia di Dio, mi fulminò con lo sguardo: solo l'educazione e lo spiazzamento le impedirono di uscire immediatamente dalla stanza.
Dario invece mi fissò dritto negli occhi. Mi stava ascoltando. Quello che avevo detto era entrato in lui. Era quello che lui pensava, oppure si avvicinava moltissimo ai suoi pensieri. Aveva smesso di agitarsi su quella sedia, attento alle mie parole. Continuai, ripetendo anche le frasi che avevo già usato e la forma della comunicazione precedente, ma introdussi una variante, attribuendo il comportamento di Dario a qualcosa che era in lui ma che in fondo non gli apparteneva. Dissi: «Io non voglio più parlare con quel deficiente che fa casino a scuola! Io voglio parlare a quello buono, che per farsi capire non deve mettersi a urlare come un animale! Anzi, io non voglio più parlare con quello che è dentro di te ma non è te! Io non voglio più parlare con quello che fa solo casini per attirare l'attenzione!».
Dario mi guardò con estremo interesse e con la bocca semiaperta. Continuai: «Uno ha diritto di essere amato perché è bello! Non deve mica imbruttirsi per farsi amare!». Decisi di usare una metafora, che poteva catturare ulteriormente la sua attenzione e stimolare dei processi interiori di riflessione e di elaborazione. «Durante l'ul-

MOMENTI DI RIFLESSIONE

Le pause, che sono indicate con i puntini di sospensione, coincidono con l'espirazione del paziente; le parole invece entrano in sincronia con le inspirazioni, uniformandosi al suo ritmo vitale. Le pause sono momenti per riflettere e per riflettersi. Le inspirazioni vanno alla ricerca di altre parole, come vanno alla ricerca dell'aria. In quei momenti, la comunicazione tra il terapeuta e la persona è profonda.

tima guerra mondiale, dopo l'8 settembre, quando l'Italia passò agli alleati, gli italiani presenti in Giappone furono internati in campi di concentramento. Nei campi pativano la fame. I giapponesi erano del tutto insensibili alle loro richieste di aumentare i viveri, anzi non li consideravano neppure. Un giorno, durante l'ispezione del campo da parte degli ufficiali giapponesi, un prigioniero italiano prese un'ascia che serviva per tagliare la legna, mise la mano sul ceppo e si tagliò di netto un dito! Poi lo gettò verso i giapponesi che finalmente lo guardarono come un essere degno di attenzione. I giapponesi da quel giorno decisero di prendere in considerazione la loro richiesta di cibo! Ma qui non siamo in Giappone! Tagliarsi un dito fa male, anche se uno lo fa perché vuole che gli altri si accorgano di lui!»

Poi lo spiazzai di nuovo, cambiando canale di comunicazione. Mi alzai dalla sedia, mi misi dietro di lui e cominciai a massaggiarlo dalla zona della cervicale fino alle spalle, per sciogliere tutta la tensione che aveva accumulato. Mentre lo massaggiavo, percepivo che i suoi muscoli si scioglievano. Continuai a massaggiarlo con estrema lentezza, finché Dario chiuse gli occhi e il suo respiro si fece più lento e profondo. Contemporaneamente abbassai il tono di voce fino al sussurro, mi uniformai al ritmo del suo respiro fino a respirare all'unisono con lui.

Con dolcezza gli dissi ancora: «Molto bene... Dario. È con questo Dario che io voglio parlare! Con un Dario che si fa amare per quello che è! Senza urli, senza rumore! È un suo diritto farsi amare, sentirsi capito! È un suo diritto amare! E la mia voce, le mie mani, i miei pensieri, le immagini che ho nella mente, sono le stesse dei tuoi genitori! Ed è molto bello, proprio quando non lo aspettavamo più, scoprire delle cose di cui avevamo la percezione, ma di cui non ci rendevamo ancora pienamente conto! Scoprire che ci hanno sempre amato... Scoprire che abbiamo sempre amato... Scoprire che possiamo farlo sempre meglio affinché incomprensioni e difficoltà non si ripetano mai più... D'altra parte abbiamo tanto tempo per imparare... Il tempo non ha tempo, lo spazio non ha spazio... A volte in un secondo scorre tutta la nostra vita... a volte di tutta una vita non si riesce ad avere percezione... A volte una piccola stanza ci sembra... così immensa per l'amore che la pervade... A volte uno spazio illimitato ci sembra così angusto per l'amore così grande che sentiamo dentro... A volte non riusciamo a esprimere questo amore e allora...». A questo punto Dario pianse, piano, lacrime senza parole.

Avevo proposto una distorsione spazio-temporale per modificare i suoi preconcetti, per dargli delle possibilità di superare i suoi limiti abituali, facendogli vedere le cose da punti di vista diversi. Ora potevo ricalcare il suo pianto, offrendogli delle opportunità senza assolutamente dare ordini, che sarebbero stati recepiti come stonatura, scocciatura, invasivi della sua libertà e, quindi, rifiutati dal suo inconscio.

Dissi: «Molto bene! Con il tuo pianto puoi, se lo vuoi, liberarti dal di dentro, per sempre, da tutte le tensioni, da tutti i problemi... E mi piacerebbe che quando riaprirai gli occhi... tu rispecchiassi negli occhi di tua madre la serenità che hai ritrovato... anzi, potresti fare di più... quando riaprirai gli occhi potresti abbracciarla, baciarla... e potresti dirle... "ti voglio bene, mamma"... e lei lo dirà a te... e stasera... la stessa cosa potrai dire e ti sentirai dire da tuo padre... E domani mattina... sarà bellissimo svegliarvi tutti e quattro nello stesso letto... tu, tuo fratello, la tua mamma e il tuo papà... E magari fra qualche giorno o settimana o forse domani sera stessa... tuo fratello potrà tornare nella cameretta con te... e tu ti occuperai di lui con lo stesso amore...

Se ti va tutto questo stringi forte la mia mano... E quando vuoi... potrai tornare... e insieme sistemeremo altre cose allo stesso modo o in altri modi ancora più utili e interessanti... E ogni volta che ascolterai la mia voce... tutto questo ti tornerà alla mente... e le cose diventeranno sempre più chiare... perché la tempesta è passata...

Ora userò le parole di una persona che tu non conosci e che neppure io ho conosciuto. Si chiamava Erickson e ho imparato ad amarlo attraverso i suoi libri... Il nome "Erickson" mi fa venire in mente quei Vichinghi che solcavano i mari, depredando e razziando... Sarebbe bello che quegli antenati dei pirati portassero via tutti i nostri pensieri tristi... e che se li tenessero loro come bottino di guerra... tanto a noi non servono più...

RELATIVITÀ

Per un finlandese, un danese è un meridionale ma per un danese, il meridionale è un tedesco; per un tedesco lo è l'altoatesino e così via, fino ad arrivare a un sudafricano per il quale un meridionale è quello che vive al Polo Sud. Il gioco può continuare all'infinito. Ma non è solo un gioco; è un modo per allargare il pensiero, per farlo divergere in tutte le direzioni e per superare i limiti abituali che considerano le cose sempre dallo stesso punto di vista.

E parafrasando le parole di Erickson... la mia voce ti accompagnerà... ti sarà vicina... ti servirà per i tuoi scopi... e la udrai nel vento fra lo stormire delle foglie... e la udrai nel mare... e ti accompagnerà nei grandi e nei piccoli cambiamenti... che la vita ti porterà nei giorni che verranno... E la mia voce potrà trasformarsi in quella dei tuoi genitori... e tu potrai dialogare con quella voce... senza mai dimenticare il bene che loro ti vogliono... Molto bene! Ora, quando vuoi, puoi aprire gli occhi... Magari... all'inizio sarà un po' difficile... I tuoi occhi avevano solo bisogno di un po' di riposo... Ora tutto è passato e la paura se ne va come un fastidio che non c'è più... Ora puoi spalancare gli occhi completamente e, se vuoi, puoi aprirli accompagnandoli con un bel sorriso... di quelli che vanno da un orecchio all'altro... di quelli che, se non stai attento, oltrepassano anche le orecchie, arrivano alla nuca... e tagliano tutti i collegamenti tra il nostro corpo e i pensieri. Ma sì, lo so perfettamente che questo era proprio quello che tu volevi!».

Dario era piacevolmente sveglio. Si sentiva capito perché, nel corso della seduta, mi ero sempre tenuto in comunicazione, prestando attenzione all'impatto che le mie parole avevano su di lui. Se si rilassava di più, spingevo il piede dell'acceleratore in quella direzione; se entrava in tensione, cambiavo direzione, oppure usavo termini vaghi, che lui poteva interpretare come voleva, oppure usavo un linguaggio apparentemente contraddittorio, yin e yang, dove lui poteva scegliere liberamente la via, oppure, ancora meglio, comprendere e valutare come a una cosa possa naturalmente seguire l'al-

tra; poteva inoltre considerare come la realtà è relativa, dipende dai punti di vista da cui consideriamo le cose.
La madre era un po' preoccupata perché Dario era insonnolito; ma si rendeva conto che era successo qualcosa di piacevole in lui; inoltre, aveva partecipato attivamente alla seduta perché, in realtà, quando io mi rivolgevo a Dario, parlavo anche con lei.
Successivamente a quella seduta, parlai con entrambi i genitori, stimolandoli a prendersi cura di entrambi i figli dividendosi i compiti alternativamente. Potevano occuparsi di Dario aiutandolo a fare i compiti e accertandosi che fossero terminati. Dovevano trascorrere più tempo con lui e valorizzare il fatto che Dario era il più grande e poteva fare tante cose che il fratellino non poteva fare.
Diedi alla madre un'ulteriore istruzione: nei giorni in cui si occupava prevalentemente di Dario, se Mauro si avvicinava, lei doveva continuare a fare quello che stava facendo. Quest'ultima cosa non fu facile da realizzare perché il piccolo era estremamente affettuoso e nello stesso tempo bisognoso d'affetto, ma, fortunatamente, Dario aveva le sue compensazioni, perché poteva uscire molto di più del suo fratellino e fare con l'uno o l'altro genitore "cose da grandi".
Il risultato della psicoterapia, attuata inizialmente attraverso l'ipnosi e poi continuata con alcune sedute di psicoterapia famigliare, si mantenne e si è mantenuto nel corso degli anni.
Con Dario, in occasione di alcuni problemi emersi negli anni a venire, durante la sua adolescenza, mi riagganciai ad alcune reinduzioni che facevano riferimento alla seduta precedente. Dario non considerò mai il mio intervento come intrusivo.
È difficile parlare di una tecnica d'ipnosi escludendo le altre, perché le diverse metodologie usate non dipendono dalla malattia o dal problema che ci si trova a dover affrontare, ma dalla persona, che è unica e irripetibile, e da quello che in quel momento la persona accetta. L'ipnosi non è un fatto tecnico, ma una modalità di comunicazione per entrare in rapporto con quella determinata persona; si propongono dei cambiamenti del modo di porsi di fronte al problema. **Dario aveva un problema, ma le soluzioni che si dava erano più errate e più pesanti del problema stesso.**
Nel suo caso, lo spiazzamento è stato il momento iniziale e determinante della trance.
Dario si aspettava le solite parole riguardo al suo comportamento. Ma le solite parole e i consueti comportamenti erano le cose che lui non accettava. Non li accettava dai suoi genitori né dagli insegnanti: perché mai avrebbe dovuto accettarli da me?
Quando, con la provocazione che ha scandalizzato la madre, ho raccolto la sua attenzione, non ho fatto altro che proseguire in quella direzione.
È il paziente che fa la terapia, così come è il paziente che fa la malattia o che si crea il problema.

Il paradosso

Per distogliere la persona da una logica che la imprigiona, il terapeuta deve parlare in modo non logico ed emotivo, usando la stessa lingua dell'inconscio.

Il paradosso è una contraddizione tra due livelli logici diversi. Nell'interazione umana non conta tanto il contenuto del paradosso, quanto quello che suscita a livello interiore. Nel paradosso la comunicazione che viene data alla persona non si può né eludere né capire chiaramente. La persona è spiazzata nella sua logica e diventa recettiva ad altre suggestioni.

Il momento più adatto per fare "calare" il paradosso è durante l'induzione ipnotica, quando il paziente elabora le cose in maniera differente rispetto allo stato di veglia.

Il paradosso è una modalità di comunicazione che si adatta all'inconscio della persona, in quanto l'inconscio elabora le parole in modo diverso, analogico, e con minore senso critico. Il paradosso fornisce al paziente degli input mentali inconsci che allargano le sue potenzialità e le sue prospettive.

Si tratta di una contraddizione logica che, se giunge del tutto inaspettata, spiazza la persona e la porta a cercare rifugio nella parte emotiva inconscia, perché viene messa in una situazione insostenibile dal punto di vista razionale.

Il paradosso obbedisce alla legge del tutto o niente, nel senso che funziona quando viene recepito immediatamente oppure non funziona per nulla, nel qual caso si cercheranno altre modalità di comunicazione. Quando funziona, però, ottiene dei risultati macroscopici che vanno al di là delle aspettative stesse del terapeuta.

Spesso il paradosso avviene per caso, in altre parole non è pensato a livello razionale

L'INASPETTATO

Erickson diceva: «**L'inaspettato può sempre fare deragliare dei pensieri**».
All'università un professore prese a dire: «Sai, a me non piace...».
Erickson non gli lasciò finire la frase e disse: «Neanche a me piace la neve!
E poi, la cosa meravigliosa è che non ci sono due fiocchi di neve uguali!».

ma nasce spontaneamente dalla parte emotiva, che dobbiamo imparare a conoscere e lasciare emergere. Ricordo un caso emblematico: il paradosso di Giuseppe.

«SE TI AMMAZZI... TI MANDO AL RICOVERO!»

Due anziani che vivevano nella stessa casa avevano avuto fra loro un'accesa discussione. In parte per una diversità di carattere, in parte perché il meno anziano dei due, Giuseppe, che aveva ottantatré anni, era geloso delle eccessive attenzioni che l'altro, di novantadue, riceveva dai famigliari, tanto da arrivare ad accoltellare il più anziano al braccio, fortunatamente in maniera non grave. I famigliari portarono immediatamente il ferito al pronto soccorso. Tornati a casa, cercarono di far comprendere a Giuseppe la gravità del gesto, affinché una cosa del genere non si dovesse più ripetere in futuro. Giuseppe sembrava molto dispiaciuto di quanto era successo, pianse, chiese notizie del ferito e poi non ne parlò più.
Sembrava tutto tranquillo, ma alcuni giorni dopo accadde un fatto inatteso. Nel giardino della casa c'era una vecchia vasca da bagno che veniva usata per raccogliere l'acqua pio-

vana. La figlia di Giuseppe, che si trovava in cucina, diede un'occhiata dalla finestra e vide il padre che si dirigeva verso la vasca. Ne fu contenta perché, se suo padre si teneva occupato, avrebbe facilmente dimenticato quanto di spiacevole era successo, così tutto sarebbe ripreso come prima. Indugiò così con lo sguardo sul padre: lo vide fermarsi davanti alla vasca, inginocchiarsi, porre le mani incrociate dietro la schiena e poi, come un samurai, immergere la testa dentro la vasca. Corse da lui, lo afferrò per le spalle e lo tirò fuori, salvandolo. Passarono alcuni giorni. La donna non sapeva più cosa fare, perché Giuseppe si era chiuso in un mutismo interrotto solo da poche frasi farfugliate, delle quali riusciva a comprendere esclusivamente la parola "vergogna".
Disperata mi chiamò, affinché gli parlassi. Il padre, però, sembrava del tutto indifferente ai miei discorsi: parlare a lui o alla lontana luna sembrava la stessa cosa. Mi sentivo impotente, non sapevo cos'altro dire o cos'altro fare. Decisi di andarmene.
Sull'uscio di casa, mi voltai verso di lui per l'ultima volta e gli dissi forte: «Giuseppe... Stai attento: se ti ammazzi ancora, ti mando al ricovero!». Non so neppure perché lo dissi, forse era per pura e semplice disperazione. Lui si alzò in piedi di scatto, mi guardò e mi urlò: «No... al ricovero no!». Io mi fermai, tornai indietro, mi piazzai davanti a lui e gli ripetei la frase: «Guarda, che se cerchi ancora di ammazzarti... ti mando al ricovero!». E lui immediatamente: «No, al ricovero non ci vado!». E io: «Benissimo! Allora... non ammazzarti più!». Lui era attento e collaborativo. Il messaggio era entrato.
Il dialogo era stato del tutto demenziale ma aveva aperto una breccia nella sua indifferenza. Della frase che avevo pronunciato, che si svolgeva a due livelli logici diversi, lui aveva scartato la parte logica e aveva accettato quella non logica, emotiva. Quel messaggio aveva fatto scattare qualcosa, aveva messo in moto un processo che l'aveva portato a recuperare la sua coscienza e la sua attenzione. Da quel giorno, non si ripeterono mai più episodi spiacevoli. Giuseppe recuperò la sua serenità e la sua collaborazione fu sempre al massimo livello possibile per la sua età.

LE RICHIESTE PARADOSSALI

Il paradosso è una modalità di comunicazione che si può applicare sia quando la persona è in stato d'ipnosi, sia nella comunicazione di ogni giorno. Spesso sono gli stessi pazienti che si rivolgono al terapeuta con richieste paradossali. **La richiesta paradossale tipica posta dalla persona è di farla stare meglio, senza cambiare nulla delle cause che l'hanno fatta stare male.**
In genere, nel caso dei minori, è uno o sono entrambi i genitori che vogliono che il figlio guarisca senza mutare nulla nel loro atteggiamento e comportamento che è stato, magari, la causa del problema del figlio.

SCHWARZENEGGER E L'ENURESI NOTTURNA DI GAETANO

Un giorno mi telefonò una madre per espormi il problema del figlio Gaetano. Gaetano aveva tredici anni e, da circa un anno, aveva ripreso a bagnare il letto di notte, come quando era bambino. Quando vennero, li osservai entrambi con attenzione.
Il figlio era un bel ragazzo, intelligente, pieno di gioia di vivere. La madre era giovane, ma con molti preconcetti. Odiava la violenza sotto qualsiasi forma. Il problema era che per lei quasi tutto era violenza: la televisione (in particolare i cartoon e i film d'avventura o di guerra), i giochi che facevano i maschi e tutti gli sport, compreso il gioco del calcio, quello che il figlio preferiva. La donna sosteneva che Gaetano, per avere una buona educazione, doveva seguirla in tutto e per tutto. La domenica lo faceva assistere alla messa e nel pomeriggio lo conduceva con sé a fare dei lavori socialmente utili oppure, nei mesi estivi, ad aiutare i nonni che gestivano un locale per la mescita del vino. Il figlio, seduto davanti a me, era assai insofferente e aveva tutta la mia solidarietà.
Dopo averla lasciata parlare senza freni, decisi di intervenire e dissi: «Sa cosa penso? Io penso che lei sia veramente molto, ma molto violenta! Far fare una cosa a qualcuno senza sognarsi neppure di chiedergli se gli piace o meno è una vera violenza! Lei è molto violenta! Il problema è che non vuole rendersene conto!».
La madre, rossa in viso come un tacchino, mi avrebbe morso volentieri! Gaetano, invece, dapprima annuì sempre di più con la testa, guardandomi come si guarda il proprio supereroe preferito, poi chiaramente e a piena voce disse alla mamma: «Ha ragione! Ha ragione! Sono contento di essere venuto! Ci ritorniamo qui... vero?».
Lo vedevo entusiasta del fatto che avevo contrastato l'esuberanza della madre. Mi frullavano nella mente strane idee. Possibile che tutto potesse essere così semplice? Sapevo che in quelle settimane, il giovedì sera, trasmettevano alla tv una serie di film con Arnold Schwarzenegger: un'autentica saga di violenza e d'azione.
Approfittai del fatto che la madre non si era ancora ripresa e feci al ragazzo una **proposta paradossale**, che apparentemente non aveva nulla a che fare con l'enuresi notturna. Gli dissi: «Gaetano... se giovedì sera tua madre ti lascerà vedere il film di Schwarzenegger... vuoi provare, dopo il film, ad andare a letto tranquillo e sereno? Vuoi provare a dormire in modo tranquillo e sereno fino al mattino? Io credo... che sarà bellissimo svegliarti al mattino nel tuo letto asciutto... e stiracchiarti piacevolmente... e sorridere alla nuova giornata che incomincia... e poi correre dalla mamma per darle il primo bacio del giorno... ringraziandola per il suo amore e per la sua comprensione...».
Gaetano annuiva e mi guardava allo stesso modo di prima, con l'aggiunta di una grande serenità interiore, che traspariva dal viso

e dai movimenti del corpo. Mi disse: «Lo faccio, certo che lo faccio!». La madre, dura in viso ma apparentemente rassegnata, disse: «Vedremo... Vedremo... Ne parleremo poi a casa...».
Prima di congedarci, Gaetano chiese alla madre: «Mamma... quando ritorniamo?». La madre non rispose, mi salutò e uscì insieme al figlio. Dopo circa quindici giorni, la donna mi chiamò al telefono e mi disse: «Mio figlio da quando è stato da lei non ha più bagnato il letto! Gli ho fatto vedere il film. Io però non sopporto che qualcuno mi dica quello che devo o che non devo fare a casa mia! Io da lei non tornerò mai più!». E così fu.

LA PATOLOGIA DA GUADAGNO

Arone di Bertolino riporta: «Tipicamente, fanno richieste paradossali quei pazienti chiamati "cacciatori di teste". I cacciatori di teste dicono che hanno già provato tutti i colleghi sulla piazza e che siamo la loro ultima spiaggia! In realtà, dopo di noi, ce ne sarà un altro e poi un altro ancora! **I cacciatori di teste hanno una patologia da guadagno: in altre parole, ricavano un guadagno dalla loro malattia. Con la loro malattia ricattano tutta la famiglia e ne acquistano un certo vantaggio. Non possono rischiare di guarire!** Loro possono dire ai familiari d'aver fatto tutto il possibile per guarire, in quanto di medici ne hanno girati tanti! Se nessuno è riuscito a guarirli, vuol dire che sono veramente malati. **Io penso che sia sempre meglio una libertà svantaggiosa piuttosto che i vantaggi della malattia!**».
Sono tante le cose che si potrebbero fare: ognuno di noi è simile ma, allo stesso tempo, diverso dagli altri. Si potrebbe anche, in una terapia di gruppo, prescrivere al cacciatore di teste il suo stesso ruolo oppure il ruolo antagonista delle sue vittime, come si fa nello psicodramma.
Se non avete la possibilità concreta di fare una terapia di gruppo, potete farlo ugualmente usando delle sedie vuote, grazie alle quali la persona può focalizzare i diversi ruoli e, passando da una all'altra, può interpretarli tutti. Anche voi potete farvi coinvolgere dallo psicodramma interpretando i vari ruoli. Se il soggetto visualizza persone e situazioni su quelle sedie, non occorre metterlo in ipnosi perché lo è già! A volte è un famigliare che ottiene un guadagno dalla malattia di un membro della famiglia. In tal caso chi ottiene un guadagno farà tutto quello che è in suo potere per mantenere lo stato di malattia dell'altro.

LA DEPRESSIONE CALPESTATA DI CARLOTTA

Ricordo una coppia che veniva da molto lontano. Il marito aveva cinquantotto anni, di bell'aspetto, curato ed elegante nel vestire, di professione faceva l'operaio specializzato in una grande azienda. La moglie Carlotta aveva sessantadue anni ma ne dimostrava molti di più, forse per la trascuratezza nel vestire o forse per quell'aria triste e rassegnata che le segnava il viso. Un tempo, anche lei aveva lavorato nella stessa fabbrica del marito poi, dieci anni prima, era andata anticipatamente in pensione per una grave forma di depressione nervosa. Contrariamente alle sue aspettative, trovarsi a casa da sola e senza il lavoro non aveva per nulla migliorato il tono del suo umore. Da dieci anni si trascinava in una situazione insostenibile, intervallata da brevi periodi di relativo benessere.

L'APPARENTE CONVENIENZA

A proposito della patologia da guadagno, ricordo il caso di una ragazza che si era appena diplomata. Era figlia di una prostituta e aveva paura di non trovare lavoro e di finire sul marciapiede come la madre. Con questi concetti nella testa, un giorno andò in un bagno pubblico, e da lì chiamò aiuto perché non riusciva più ad alzarsi dalla tazza! La portarono al pronto soccorso.

Se avesse trovato un altro medico o se quel medico si fosse comportato diversamente, chissà, forse tutto sarebbe cambiato! Due schiaffoni non hanno mai ammazzato nessuno, e in una tale crisi isterica avrebbero riportato la donna nella realtà, senza assecondarla nel suo limbo! Ma il medico prese la cosa sul serio. Pur non trovando niente a livello neurologico, la ricoverò per accertamenti. Gli esami risultarono tutti negativi, lei però non poteva né camminare né reggersi in piedi. In ospedale tutti la coccolavano, perché era giovane e bella: suore, medici e infermiere le stavano dietro per tutto il giorno! Fu dimessa sulla sedia a rotelle. Si era fatta un sacco di amici e tutti erano gentili con lei senza chiedere nulla in cambio. Frequentava i centri di riabilitazione e i centri vacanze per handicappati. Tutti le dicevano: «Poverina!» e lei si sentiva molto amata. Le avevano concesso la pensione d'invalidità: aveva così risolto il suo problema, non avrebbe mai dovuto fare il mestiere della madre!

I DUE DOTTORI

Un tempo, quando il dottore si pagava interamente, un vecchio medico condotto, approfittando del fatto che il figlio si era appena laureato in medicina, decise finalmente di concedersi la prima vacanza della sua vita, lasciando la condotta nelle mani del figlio.

Il padre partì assieme alla moglie e il giovane medico si trovò padrone dello studio. Un giorno entrò nell'ambulatorio una donna, chiedendo del dottore. Il giovane medico si qualificò. La donna gli disse che era venuta fino lì perché il dottore, puntualmente, ogni giovedì, da cinque anni andava a casa sua a medicare la ferita del nonno. Non avendolo visto, era venuta a cercarlo. Comunque, avrebbe aspettato il suo ritorno alla fine delle vacanze. Il giovane medico insistette per andare a visitare a casa l'anziano.

Quando arrivò là e vide la ferita, si stupì e pensò dentro di sé che facilmente poteva guarirla con tre o quattro medicazioni. Ma non poteva dirlo allo stesso modo in cui l'aveva pensato, perché avrebbe fatto fare una magra figura a suo padre. Disse che lui sarebbe venuto ogni giovedì, per le quattro settimane che mancavano al ritorno del padre e che avrebbe guarito il nonno.

La donna era incredula ma lui specificò, inventando lì per lì, che vi erano delle cure nuove appena arrivate dall'America, che solo all'università conoscevano. Inoltre aggiunse che lui stava specializzandosi in dermatologia; in particolare, proprio nella cura delle piaghe degli anziani. Infatti, con quattro medicazioni guarì la ferita definitivamente. Al termine delle quattro settimane il padre ritornò.

Il figlio doveva dirlo a suo padre, ma non sapeva esattamente come fare. Decise di indorare la pillola. Disse al padre che c'erano delle nuove cure arrivate dall'America con le quali stavano facendo delle ricerche all'università. Disse anche che, malgrado non glielo avesse mai detto, lui era intenzionato a specializzarsi in dermatologia e che in quella branca della medicina lui era il migliore del corso ecc.

Insomma, pieno di orgoglio, disse a suo padre che era andato a medicare quell'anziano e in quattro volte lo aveva guarito. Il padre lo guardò fisso in faccia e disse: «Bravo, veramente bravo! Adesso, voglio vedere come camperemo nei prossimi cinque anni!».

Si sentiva depressa, apatica, angosciata, paurosa. Aveva due figlie entrambe sposate, ma che fortunatamente vivevano nella stessa città. Al mattino le figlie la facevano alzare dal letto, sedere in poltrona e le preparavano la colazione. Quando ritornavano all'ora di pranzo, la ritrovavano nella stessa posizione in cui l'avevano lasciata al mattino.

Avevano anche provato a stimolarla, cercando di coinvolgerla a fare qualcosa, ma niente sembrava potesse scuoterla dal suo torpore mentale. Se loro non le preparavano la colazione e il pranzo, lei non si alzava neppure dal letto.

Carlotta non cucinava, non leggeva giornali né libri, non guardava la tv, non telefonava a nessuno, non aveva amiche e da molti anni non metteva il naso fuori dell'uscio di casa. Insomma, non faceva nulla di nulla. A differenza, forse, del marito, le figlie non si erano rassegnate a quella situazione: erano state loro, infatti, a contattarmi. Al mattino il marito, dopo aver fatto colazione al bar, si recava al lavoro, e pranzava alla mensa aziendale. Alle diciassette tornava a casa e alla sera preparava la cena per sé e per la moglie; poi usciva con gli amici.

Negli ultimi dieci anni avevano consultato invano una miriade di specialisti. Dopo aver ascoltato la loro storia, dissi che c'era una possibile soluzione al loro problema, ma che probabilmente ci sarebbe voluto molto tempo, forse anche più di un anno di intenso lavoro da parte mia e specialmente da parte loro. Il marito mi rispose che potevo avere tutto il tempo che ritenevo opportuno. In realtà non sapevo quale poteva essere la possibile soluzione al loro problema, ma con la mia domanda volevo sincerarmi su quanto forti fossero le motivazioni di entrambi per superare quella situazione, apparentemente senza via d'uscita. La risposta ottenuta mi convinse e quindi decisi di cominciare.

Mi rivolsi direttamente a lei: la pregai di non guarire subito ma di aspettare il giusto tempo. Quando quel tempo sarebbe arrivato non lo sapevo, ma di sicuro ce ne saremmo resi conto entrambi. E poi le dissi in tono scherzoso che se fosse guarita troppo presto ne sarei rimasto molto deluso!

Infatti, le diedi il decalogo del bravo paziente. Il bravo paziente non deve mai guarire subito. Se guarisce subito non torna più e si dimentica di essere stato malato. Il bravo paziente deve migliorare un po' alla volta, così si ricorda di quando stava male e, sperando di guarire completamente, è motivato a ritornare. **Le mie parole esprimevano un paradosso: l'invito a guarire dicendo di non guarire.**

Mentre parlavo, la osservavo attentamente per registrare le sue reazioni. Visto che mi stava seguendo su quella strada, ai limiti della paranoia, decisi di insistere.

Le raccontai la storia dei due dottori (vedi pp. 50-51). Guardai Carlotta per osservare le sue reazioni. Lei sorrise al mio racconto.

RECIPROCITÀ

In ipnosi non conta tanto quello che si dice, perché le descrizioni di immagini, di suoni, di sensazioni vengono assimilate in modo analogico, similmente a quello che avviene nel sogno. L'importante è che quello che si dice sia emotivamente sentito, altrimenti la comunicazione diventa incongruente.

In ipnosi, quello che è il senso critico razionale proprio dello stato di coscienza scema, ma è acuita ai massimi livelli la percezione emotiva della persona, per cui, se il terapeuta mente e non sente interiormente quello che comunica, la persona se ne rende immediatamente conto, quindi non si lascia coinvolgere.

In altre parole: se la persona va in ipnosi, il terapeuta è in autoipnosi. Se il terapeuta dice le cose come realmente le ha vissute nella sua esperienza di vita, se dice quello che pensa veramente, la persona recepisce la comunicazione come congrua, accettabile e stimolante, anche se è diversa dal suo modo di pensare e di vedere le cose. In altre parole: **il terapeuta diventa un amico con il quale confidarsi e che si accetta anche nella sua diversità.** In ipnosi la persona recepisce che si sta parlando solo e unicamente a lei, come se fosse al centro dell'universo e sente la voce del terapeuta come se provenisse dal suo profondo, perché c'è un "idem sentire".

Era un buon inizio. Poi le dissi che a me piaceva scherzare e porre in risalto i lati divertenti della vita, anche se poi in fondo ero un depresso come lei.
Volevo che percepisse che la capivo e che potevo allearmi con lei per cercare di risolvere il suo problema.
Volevo farle comprendere come potevo essere molto simile a lei, solo che io guardavo le cose da tanti punti di vista e, quando potevo scegliere, sceglievo il migliore possibile. **La vita è solo una questione di punti di vista**.
Le dissi anche che, nel corso delle sedute, avrei sparato ancora un sacco di stupidaggini. Ma non doveva aversene a male, perché io non l'avrei mai presa in giro, **non avrei mai riso di lei ma avrei cercato di ridere assieme a lei dei suoi problemi**.
Feci uscire il marito. Le chiesi se c'erano dei motivi che, secondo lei, potevano essere responsabili della sua depressione. Lei mi disse di no a più riprese. Le chiesi com'erano i rapporti con le figlie. Lei mi rispose che erano due ragazze d'oro. Le chiesi com'erano i suoi rapporti col marito. Lei mi rispose che lui era molto gentile, comprensivo e che lei lo amava ancora tanto. I loro rapporti fisici avvenivano oramai raramente ed era lei comunque a cercarlo.
La feci stendere sul divano, rassicurandola sul fatto che non avremmo fatto l'ipnosi ma un semplice rilassamento. Le dissi questo perché spesso, nell'immaginario collettivo, l'ipnosi è una cosa strana che fa perdere il controllo, in quanto il modello che la gente conosce è quello dell'ipnosi autoritaria che si vede alla televisione. Le chiesi se le faceva piacere osservare una fotografia che avevo appesa alla parete. Lei la guardò. Le chiesi di descrivermela. Mi descrisse un lago, con le diverse sfumature dell'acqua che andavano dal grigio all'azzurro e dal blu al verde intenso. Mi descrisse le sponde del lago, da una parte lastricate di sassi e dall'altra digradanti verso l'acqua, come fossero di sabbia. Mi disse che era difficile sapere come realmente fossero quelle rive. **Io confermai i suoi dubbi, dicendo che molte cose sembrano fatte in un modo mentre in realtà sono fatte in un altro**.
Le chiesi se quel lago le faceva venire in mente un altro lago che aveva magari già visto o che avrebbe desiderato vedere: l'o**rientamento sia verso il passato sia verso il futuro mi sembrava utile per distoglierla dall'angoscia del presente**. Dapprima mi disse di no. Poi, ripensandoci, si ricordò di un lago che tanti anni prima, quando ancora era fidanzata con l'attuale marito, aveva visto in Trentino. Era stata una vacanza stupenda. Avevano fatto il viaggio in motocicletta. Lei si ricordava ancora di come si stringeva a lui, aggrappata sul sellino posteriore. In quei momenti si sentiva veramente al centro dell'universo.
Le chiesi se le sarebbe piaciuto rivivere quei momenti ancora più intensamente di quanto già stava facendo. Lei mi rispose di sì. Allora le dissi: «Bene... Anche se sappiamo benissimo di essere qui... in questa

stanza... su questo divano... magari aiutandoci con i nostri ricordi... con la fantasia... possiamo andare lontano... Ancora più lontano... Possiamo fare un tuffo nel nostro passato... possiamo tuffarci in quel quadro... in quella fotografia... e rivivere... e magari vivere...».

Cominciai a rallentare la cadenza della mia voce, sincronizzando le mie parole con la sua respirazione. A ogni inspirazione, una o più parole. Cominciai a variare il tono della voce, sottolineando certe parole con una particolare intonazione.

Se il ritmo del suo respiro variava, anch'io variavo la cadenza delle parole. Tra una parola e l'altra inserivo delle pause, per darle modo di assimilare.

Le dissi: «Bene... Un tuffo è quello che ci vuole... dopo tutta quella polvere... dopo tutte quelle ore passate in motocicletta, sul sellino posteriore. Io la invidio per quel viaggio che ha fatto con la motocicletta... Io ho provato solo l'esperienza del motorino... quindi posso comprendere solo in parte... quello che si prova a bordo di una motocicletta... Credo che l'ebbrezza sia

LIBERTÀ DI ELABORAZIONE

In ipnosi, vengono elaborate e incorporate le situazioni ambientali e personali. Partendo da ciò che accade, attraverso dei passaggi, si arriva alla realtà interiore. Le istruzioni devono essere preferibilmente vaghe, per dar modo alla persona di inserirci tutto quello che desidera. Più libertà ha la persona di guardare e di elaborare in tutte le direzioni, maggiori sono le possibilità di trovare soluzioni al suo problema. È opportuno assecondarla, rispecchiare quello che le succede, magari modificando, decodificando con un'interpretazione positiva le possibili sue sofferenze, come per esempio le lacrime.

Certe frasi usate sembra che leggano nella mente della persona; la spiegazione è che si dicono cose molto ovvie, comunque osservabili in qualsiasi situazione, e che si usa una terminologia che comprende tutto e il contrario di tutto.

molto più grande... E poi... essere stretti a qualcuno... Non so se quel giorno vi siete tuffati nel lago oppure no... Se non l'avete fatto... forse la voglia c'era... e a volte è bello tenersi la voglia dentro... affinché poi, quando verrà il momento... Non so cosa sta pensando in questo istante... forse non lo sa neppure lei...
A volte... i pensieri sono così confusi... Vedo una lacrima sul suo viso... **Spesso una lacrima... è un nodo che si scioglie**... È una tensione... che se ne va... **Una lacrima si manifesta... affinché qualcun altro possa asciugarla**... È bello liberarsi dal di dentro... **È bello avere delle emozioni**...».
Continuai: «Ora può... se lo desidera... lasciarsi andare ancora di più... ma prima... sarei curioso di sapere... di vedere attraverso i suoi occhi... quello che ha visto quel giorno... viaggiando sulla motocicletta... Magari... potrebbe descrivermi quello che ha visto... alla sua destra... quando ha percorso quella salita... o era forse una discesa... Non importa dove o come sia avvenuto... Quello che conta... è l'emozione che le ha lasciato dentro... A volte il ricordo di un'emozione... dura per tutta la vita...».
Tutto quello che descrissi era abbastanza vago per poter essere veramente su una strada di montagna. È evidente che, se non sono salite, sono discese. È altrettanto chiaro che tutto quello che ci piace ci coinvolge emotivamente e, se ci ha coinvolto emotivamente nel passato, è altrettanto evidente che ce ne resta un caro ricordo nel presente.

Gli obiettivi della seduta d'ipnosi sono relativi al recupero dello stato di salute della persona, ricercando e ritrovando le sue emozioni, il suo entusiasmo, la sua gioia di vivere; andando, nel caso di Carlotta, ad attingere nell'universo dei suoi ricordi, dove effettivamente ha provato e vissuto delle situazioni positive.
È la ricerca, nel suo passato, di motivazioni che mancano nel presente. È anche la ricerca di comportamenti, fornendo delle utili alternative. Forse potrebbe essere considerata una manipolazione ma, come diceva Erickson: «**In realtà la vita è una grande manipolazione e ogni madre manipola suo figlio, se vuole che viva**».
Riprendiamo con Carlotta.
«Molto bene... Ora io vorrei... che osservasse attentamente quello che è accaduto... durante quel meraviglioso viaggio... Vorrei... che osservasse quello che c'era alla sua destra... Forse... da quella parte si vedevano le montagne coperte di alberi... e dietro le vette più alte... ancora coperte di neve... E forse... dall'altra parte, sulla sinistra... si intravedeva il lago... tra le macchie di verde che ne nascondevano in parte la vista... Sarebbe veramente molto bello... rivivere... le sensazioni di piacere provate in quell'occasione... e sarebbe altrettanto bello... trattenere quel piacere dentro, nel nostro profondo... E sarebbe meraviglioso trasportare quella bella sensazione... nella nostra vita di ogni giorno... dove a volte... **semplicemente per abitudine... lasciamo**

spegnere quella fiamma interiore... che ci alimenta... Ci sono state sicuramente... in quell'occasione... anche altre cose che apparentemente abbiamo dimenticato... Ci sono stati dei rumori... portati dal vento... suoni di risa lontane... parole che non riuscivamo a decifrare... che in quei momenti non avevano più nessuna importanza... perché eravamo persi nella dolcezza degli occhi di chi c'era accanto... È proprio in quei momenti che vorremmo... che le cose fossero così per sempre... In quei momenti... vorremmo fermare il tempo...»

Mentre parlavamo, si sentiva provenire dall'esterno un cinguettio di uccelli e allora ricalcai quello che ambedue percepivamo e dissi: «Lo sente quel cinguettio? Sicuramente... se non è lo stesso... è molto simile a quello che ha sentito durante quel viaggio... fermandosi ai bordi del bosco vicino al lago... Sarebbe bello... dai loro canti risalire fino alle macchie di colore del loro piumaggio... È piacevole... da un suono risalire a un'immagine... è piacevole annusare un fiore... magari con gli occhi chiusi, come adesso... e risalire ai suoi colori... Sono tante le cose che possiamo fare... e che non sappiamo di poter fare... È scoprire cose nuove... o riscoprire cose apparentemente dimenticate... sepolte nel nostro profondo... La parola "sepolte" non mi piace, per cui la cambieremo in "nascoste". Molto bene, mettiamo ai voti la cosa. Io dico che sono d'accordo a cambiarla. Lei non dice niente, per cui chi tace acconsente! Siamo in due contro nessuno! E allora cambiamola definitivamente. Le cose nascoste... si possono sempre ritrovare... Basta saper cercare...».

Lei sorrise, il che stava a significare che mi stava seguendo e che le cose che dicevo le erano gradite. Avevo volutamente cambiato la parola "sepolte" perché mi sembrava un termine evocativo negativo e, visto che conoscevo della sua vita solo quello che mi aveva raccontato, magari poteva farle venire in mente episodi spiacevoli di cui non ero a conoscenza.

Noi ci mettiamo in rapporto con la realtà che ci circonda attraverso i nostri sensi. Con Carlotta, ho usato tutti e tre i canali sensoriali, creando una situazione di sovraccarico. Non sapevo quale senso stava usando Carlotta, anche perché aveva gli occhi chiusi.

Parlando un linguaggio che comprendeva immagini, sensazioni e suoni, catturavo la sua attenzione e la coinvolgevo nel racconto. Inoltre, il sovraccarico crea una certa confusione nella persona. In questo caso, vista la rigidità delle sue idee, visto il bagaglio di sofferenza che si portava dietro, visti i pensieri ossessivi, vista la sua apatia e mancanza di prospettive, un po' di confusione ci voleva!

Ho anche modificato il modo con cui Carlotta si metteva in comunicazione con la realtà: sono partito da un suono per creare un'immagine e da una sensazione per creare un'altra immagine. Molte volte il cambiamento dello schema con cui una persona rappresenta la realtà può essere utile per modificare a livello inconscio un problema. Riprendiamo: «Molto bene... Ora potremmo approfondire tutto quello che abbiamo fatto finora... magari creando un meccanismo basato sul ritmo naturale del suo respiro... che lei possa imparare a usare anche da sola... quando tornerà a casa questa sera... Un meccanismo che potremmo perfezionare nelle sedute successive... magari usandolo anche per altri scopi, che la nostra mente profonda ci proporrà...

Potremmo contare i suoi respiri fino al numero dieci... e al dieci raggiungere gli scopi di questa seduta... Molto bene... Il molto bene lo dico io... ma sarebbe veramente molto bello... che anche lei lo dicesse a se stessa... per tutto il lavoro che ha fatto oggi... e che farà nei prossimi giorni... e magari già fra qualche ora... rendendosi conto... che qualcosa è già cambiato... in qualche parte della sua vita...

Potremmo contare uno e fare un bel respiro profondo... A occhi aperti... oppure a occhi chiusi, come adesso, non importa... perché quello che importa... è lasciarsi andare ancora di più... Magari... potremmo lasciare tutto quello che può disturbarci... in quel passato così bello...

È come una goccia d'inchiostro... nell'immensità del mare... Lasciamola scomparire tra i flutti definitivamente... Molto bene...

Ora potremmo contare due... lasciando che quella parte così felice del nostro passato... lavori per noi... A volte... restiamo piacevolmente sorpresi dalle potenzialità che abbiamo... La nostra mente profonda lavora unicamente per il nostro bene... Lasciamola lavorare... e quando verrà il momento... ce ne renderemo conto...

Ora conteremo tre... Lasceremo che i nostri pensieri... escano da quel labirinto... e si aprano come i petali di un fiore... in tutte le direzioni possibili...

Ora potremmo contare quattro... e considerare che quando saliamo su una montagna... quel problema che avevamo prima... adesso è diventato solo un minuscolo puntino in fondo alla vallata... E poi qui in alto... gli odori sono diversi, penetranti... odori di pino, d'erba appena tagliata... E poi... l'odore e il sapore della pioggia... Pioggia fine... che bagna il viso, come rugiada... e lo fa rifiorire...

Ora conteremo cinque... A volte da un seme comincia a nascere, con fatica, una piccola pianta... La pianta è delicata... sbattuta dal vento... calpestata dagli uomini... mangiata dagli animali... sradicata dalle piogge torrenziali... ma resiste... resiste ancora... e lentamente approfondisce le sue radici nella madre terra... cercando nutrimento nel profondo...

Contando sei... cresce... cresce nei tramonti infuocati, nelle notti di luna, nelle albe serene... negli apparenti silenzi...

Poi, un bel giorno... contando sette... ripassando in quello stesso luogo... tra il lago e il bosco... ci troviamo di fronte... a un grande albero... che dà rifugio a migliaia di uccel-

li... e i suoi grandi rami si allargano in tutte le direzioni come raggi di sole...
E contando otto e ancora nove... cercando dentro di lei... o dentro di te... mi rendo conto, che in questo momento, il tu è dolce, come il miele... Cercando dentro di te puoi trovare... Tu lo sai... Il tuo inconscio lo sa...
E allora... lascia che sia...
Ora contando dieci... vorrei che... tornando a casa questa sera... tu facessi una cosa per te stessa... Vorrei... che tu potessi guardare con la stessa curiosità... che hai avuto in questo viaggio immaginario... alla tua destra... E quando ritornerai... la prossima volta... mi racconterai tutto quello che... la tua naturale curiosità ti ha fatto vedere...
E tornando a casa in auto... oltre alla tua naturale curiosità che ti spingerà a guardare fuori del finestrino... vorrei che tu considerassi... che ci saranno in quel viaggio... tanti momenti di silenzio... ma anche tanti altri momenti... in cui tuo marito ti farà delle domande... e tu darai delle risposte... e ci saranno altri momenti in cui ti verrà voglia di chiedere delle cose... e molte volte... vedrai che troverai il coraggio di farlo... d'altra parte il desiderarlo dentro... è già un grande cambiamento...
E vedrai che... molte cose finiranno per mettersi a posto... nelle settimane che verranno... o forse già nei prossimi giorni... o addirittura nelle prossime ore... Non avere fretta... quando il tuo tempo sarà arrivato... lo comprenderai perfettamente... e ne sarai piacevolmente stupita... Ma io credo che quel tempo sia già arrivato. Ora ti toccherò le mani e poi la fronte. È arrivato il momento di aprire gli occhi, di svegliarti. Fai con calma, prendi il tempo che ti occorre per fare un bel sorriso largo come la chioma del tuo grande albero, l'albero della tua vita che rifiorisce!».
Carlotta era molto rilassata e aveva una luce nuova negli occhi.
Quando tornò la volta dopo, mi raccontò che aveva visto un sacco di cose guardando dal finestrino e mi fece un sacco di pettegolezzi su quello che, secondo lei, la gente faceva dietro le persiane abbassate. Poi mi raccontò che aveva parlato tanto con il marito durante il viaggio di ritorno. Erano tanti anni che non lo faceva più.
Io le feci una reinduzione d'ipnosi, cioè un riaccesso alla trance precedente, ripetendo gli elementi fondamentali e descrittivi della prima seduta e dicendole: «Si metta giù distesa, come l'altra volta... e ripensi alle stesse cose... Magari... le cose vengono in mente in un ordine diverso... ma il quadro sarà lo stesso... con qualche cosa in più... l'esperienza... che ha accumulato in questa settimana».
La stimolai a fare altre cose. Il nuovo compito era quello di guardare fuori della sua finestra da una certa ora a un'altra, e poi descrivere tutto quello che vedeva a suo marito, alle sue figlie e, in seguito, a me.
Lei lo fece, anzi non vedeva l'ora di iniziare il turno di osservazione. Quando ritornò nella seduta successiva, mi fece un sacco

di pettegolezzi sul parroco, sulla moglie del fornaio, che usciva di casa troppo presto e tornava troppo tardi, e poi che era troppo curata ed elegante per andare solamente a fare la spesa.

Di volta in volta le chiesi sempre di più. Finché alla quinta seduta le proposi di uscire di casa per fare la spesa. C'era il panico nei suoi occhi. Mi corressi immediatamente dicendole: «**Io le chiedo di uscire a far la spesa... assieme a suo marito**». Lei aveva ancora paura. Cambiai di nuovo e le dissi: «**Dovete scegliere un supermercato che abbia delle grandi vetrate in modo tale che si possa vedere l'interno dal di fuori. Lei non uscirà dall'auto. Lei resterà dentro l'auto e con lo sguardo seguirà suo marito che con il carrello percorrerà i corridoi tra gli scaffali del supermercato.** E mentre lui fa la spesa lei penserà: "Chissà se sta comprando le cose giuste, eppure glielo avevo detto..."».

La volta dopo entrò per primo il marito; mi disse che la distanza da percorrere per arrivare da me era troppo lunga e poi che non vedeva miglioramenti, per cui, insieme, avevano deciso che quella sarebbe stata l'ultima seduta.

A quel punto lo spiazzato ero io. Non dissi nulla, aspettando di capire. Quando lei entrò, aveva un viso molto triste e piangeva. "Che strano" pensai.

Le chiesi immediatamente se aveva fatto le cose di cui avevamo parlato. Lei mi disse di sì. Io continuavo a non capire.

Lei aggiunse che avevano fatto la spesa per ben due volte in quella settimana, ma che suo marito era un po' scocciato, perché aveva perso un sacco di tempo. Inoltre, lui le aveva fatto notare che quel supermercato con le vetrine era troppo lontano da casa.

Cominciavo a intuire qualcosa. E le chiesi: «Mi scusi, ma suo marito, quando esce alla sera con gli amici, a che ora rientra?». Lei mi rispose che a volte rientrava anche alle tre del mattino, poiché era socio di un club di poker.

A quel punto, purtroppo per lei, avevo capito. Suo marito si era reso conto che, continuando così le cose, sua moglie avrebbe corso il rischio di guarire e di riprendere una vita normale. E lui sicuramente non se lo poteva permettere.

Forse si era già costruito una vita per conto suo. Forse c'era già un'altra donna. Chi può dirlo? Sta di fatto che ci lasciammo così.

Ancora oggi, a distanza di molti anni, rivedo nella memoria gli occhi angosciosi di quella donna in quell'ultima seduta. E ancora oggi penso a quello che avrei potuto fare.

Potevo avvertire le figlie, informandole che il loro padre era un po' "carogna"... Ma poi cosa avrei scatenato? Potevano le figlie mettersi contro il loro padre? E sua moglie, che lo amava ancora, che reazioni successive avrebbe avuto? Io non feci nulla di tutto questo e presi atto della situazione. Comunque, ancora oggi non so dire cosa sia stato giusto e cosa sbagliato.

La prescrizione del sintomo

È una particolare modalità dell'approccio terapeutico paradossale. La persona, con il suo sintomo, dice molte cose di sé e del suo profondo.

Quello che affiora dall'inconscio del paziente permette non solo d'interpretare il sintomo, ma fornisce anche la terapia per curarlo. Il sintomo può essere quindi considerato come un amico da cui s'impara. Secondo Erickson assecondare la resistenza della persona è fondamentale; per questo il sintomo è sempre un prezioso alleato.

Quando si prescrive il sintomo, la persona ha solo due possibilità: o lo abbandona, disubbidendo alla prescrizione, oppure segue la prescrizione, mettendolo in atto in modo volontario. Si tratta di rendergli il sintomo insopportabile, amplificandolo in maniera abnorme, in modo che lo abbandoni. Lo si invita a fare affinché non faccia più. Se la persona segue la prescrizione del sintomo, amplificato nella sua esecuzione, si sottopone a un lavoro tale che a un certo punto non lo sopporta più.

Se abbandona il sintomo, si realizzano gli scopi della terapia. È una specie di doppio legame, in cui la persona si trova prigioniera delle soluzioni che si era data. E quando la situazione diventa insostenibile, preferisce scegliere un cambiamento. Erickson descrisse un caso di disobbedienza alla prescrizione del sintomo. Nel racconto *Nemmeno un'erezione* parla di una coppia in cui l'uomo non riusciva a effettuare il rapporto sessuale. Erickson disse alla ragazza d'andare a letto con lui ogni notte, però doveva restare freddissima, senza permettergli di toccarla in alcun modo! A lui ripeté le stesse cose e stabilì che tale prescrizione doveva essere seguita per tre mesi. Ora era lei che stava rendendo

impossibile il rapporto, così lui non doveva più farsi condizionare dal suo pene floscio. Erickson aveva prescritto il sintomo, modificando il punto di vista di entrambi. Prima che terminassero i tre mesi della prescrizione, lui perse del tutto la testa e la violentò!
«Consideriamo ora» afferma Arone di Bertolino «il caso della persona che segue la prescrizione del sintomo. Il metterlo in atto in modo volontario sta a significare che non lo subisce più. La persona non può più dire a se stessa che non può farci niente! In altre parole, nella persona si genera un cambiamento di second'ordine, cioè un cambiamento qualitativo che le fa vedere la realtà secondo uno schema diverso».
Nel racconto *Moda*, Erickson parla della figlia che voleva mangiarsi le unghie, come facevano tutte le sue compagne di scuola elementare. Erickson le disse che era importante per una ragazza della sua età essere alla moda, però le sue compagne avevano già fatto un sacco d'esercizio! Per recuperare il tempo perduto avrebbe dovuto mangiarsi le unghie per tre volte al giorno, per un quarto d'ora, a tale e tale ora, ogni giorno della settimana! Dapprima la figlia iniziò con entusiasmo, poi cominciò a iniziare tardi e a finire presto. Alla fine si stufò e decise di lanciare la nuova moda delle unghie lunghe! Mantenere il sintomo era diventato più seccante che abbandonarlo!
Ancora Erickson nel racconto *Slurp slurp slurp* affronta il caso di una ragazza di quindici anni che entrò nel suo studio succhiandosi rumorosamente il pollice, con aria di sfida. Erickson, che conosceva l'ostilità della ragazza verso i genitori, le diede della stupida perché, se fosse stata intelligente, si sarebbe succhiata il pollice in modo tale da dare un dolore bello e forte al proprio padre! Fece diventare quell'ostilità un autentico lavoro! Le prescrisse che avrebbe potuto succhiarsi il pollice per venti minuti davanti a suo padre che leggeva il giornale e poi per altri venti minuti davanti alla madre che lavorava all'uncinetto. Ma non poteva limitarsi solo a questo! Poteva altresì succhiarsi il pollice ogniqualvolta incontrava un ragazzo che non le piaceva, oppure quando aveva a che fare con un insegnante particolarmente antipatico. Insomma, poteva liberalmente farlo quando provava ostilità verso qualcuno! In meno di un mese scoprì che c'erano altre cose da fare! Erickson aveva reso obbligatorio il succhiarsi il pollice e lei non voleva sentirsi obbligata!
Rosen aggiunge che la prescrizione del sintomo potrebbe essere considerata come un'applicazione del motto di Adler sulla terapia, in cui dice che la terapia è come sputare nella minestra di qualcuno. Quel qualcuno può continuare a mangiarla, ma non può più gustarla!
«Quello che la persona definisce sintomo o problema» continua Arone di Bertolino «è un suo modo d'etichettare la realtà. Bisogna dare al sintomo o al problema della persona un'etichetta nuova e buona, in altre parole positiva, in modo che la persona interpreti

la realtà diversamente. Questa connotazione positiva la potremmo chiamare "ridefinizione del sintomo" o del problema. La ridefinizione, poi, non è altro che la base di una ristrutturazione. Se il paziente accetta la ridefinizione di un sintomo nella sua connotazione positiva, vedrà il suo problema sotto un altro punto di vista! È l'inizio di un cambiamento. È l'inizio della sua ristrutturazione».

L'OSSESSIONE DI EROS E LA GELOSIA PER IL FRATELLINO

Eros aveva dodici anni. Da due anni, ossia dalla nascita del fratellino, si era attaccato in modo morboso alla mamma. La seguiva dappertutto. Durante l'allattamento del fratellino, Eros le toccava il seno e una volta aveva voluto anche lui attaccarsi al capezzolo della mamma per succhiarne il latte. La donna viveva la cosa con disagio. Portava i capelli lunghi che pettinava quotidianamente, ed Eros aveva preso l'abitudine di aiutarla. Poi aveva iniziato a pettinarla solo lui. Successivamente, aveva iniziato a pettinare tutti i componenti della famiglia, dalla nonna al padre. Poi aveva portato questa sua abitudine anche a scuola, dove pettinava le compagne. Era diventata un'autentica ossessione. Lui pettinava qualsiasi persona gli capitasse a tiro, in qualsiasi situazione. La madre non sapeva più cosa fare. Una volta gli aveva impedito di pettinarla ed Eros si era chiuso in se stesso.

La mamma lo lasciò solo con me. Chiesi a Eros se gli piacevano altre cose, oltre che pettinare. Lui mi disse di no. Io gli dissi che non mi pettinavo mai. Si offrì di farlo lui! Io gli dissi che poteva pettinarmi dopo, ma che per il momento volevo parlare un po' con lui. Eros mi parlò dei capelli dalla mamma, del papà, della nonna e delle sue compagne di scuola. In un'occasione, la maestra lo aveva portato a casa sua. E lui, implacabile, aveva pettinato anche lei. Da grande, logicamente, voleva fare il parrucchiere. Dopo un po' gli dissi che mi aveva convinto. Gli raccontai tutta la verità.

Gli dissi che sua mamma mi aveva assoldato per farlo smettere. Ma, dopo averlo ascoltato, mi ero convinto che invece era giusto farlo continuare, anzi, gli chiesi: «Hai mai sentito parlare della Scuola Superiore per lo Studio Universitario del Capello?». Eros mi disse di no.

Gli spiegai che una persona con le sue capacità era sprecata a frequentare quelle comuni scuole di provincia per parrucchieri Era tempo perso! Con le sue capacità e con le sue doti meritava molto, ma molto di più! Io, con molta serietà professionale e con profonda convinzione, gli dissi: «Eros... tu devi andare alla Scuola Superiore per lo Studio Universitario del Capello! Certo, ci sono delle piccole difficoltà... La scuola è solamente nella capitale... a Roma... Certo, questo comporterà dei sacrifici... cinque anni di studio teorico del capello... nelle sue componenti chimiche, biochimiche e molecolari... e poi la storia del capello nei secoli... il suo significato simbolico nelle diverse culture e civiltà... e poi le implicazioni psicologiche e filosofiche... Ma ti assicuro... che dopo i cinque anni di teoria... ci saranno finalmente i quattro anni di pratica... E pensa che bello... quando il tuo nome brillerà nel firmamento delle grandi star del capello... Lo studio sarà rigoroso e a tempo pieno... Ma dovrai avere pazienza, perché la vera arte non ha prezzo... In fondo a te non interessa poi tanto giocare... Comunque non devi preoccuparti... perché anche a scuola, tra le diciotto e le diciannove, potrai giocare... Dovrai stare lontano da casa... ma parlando con le persone giuste... io credo che, quasi sicuramente, potrai passare un fine settimana al mese in famiglia... e poi, in estate, pensa che bello: un mese intero a casa...».

Eros era sinceramente preoccupato e voleva replicare. Io non gli diedi spazio e continuai: «Non preoccuparti... non preoccuparti più per i tuoi genitori... Io li convincerò a farti studiare e ad approfondire... quello che tu senti con tanta convinzione!». Eros mi fissava con occhi molto seri e non chiese più di pettinarmi. Chiamai la mamma che attendeva fuori, e le ribadii con forza la mia idea. Fui implacabile. Le dissi che se lei voleva veramente bene a suo figlio, doveva lasciargli seguire la sua strada e gli comunicai la decisione irrevocabile che avevamo preso insieme: Eros e io. La madre, per fortuna, stette al gioco e non rise.

Dopo la seduta telefonai a casa loro e parlai con ambedue i genitori. Dissi loro di prestare la massima attenzione a Eros, coinvolgendolo in attività che il suo fratellino non avrebbe potuto intraprendere. Dopo quindici giorni, la madre mi telefonò e mi disse che Eros aveva progressivamente calato il suo interesse per i capelli; lo faceva ancora ma svogliatamente. E poi mi disse che Eros era andato con suo padre alla prima partita stagionale della sua squadra di calcio di serie A. Ora si sentiva molto più importante del fratellino, che era troppo piccolo per fare le cose dei grandi.

Oggi, a distanza di sei mesi, Eros è un bambino molto spettinato ma felice.

Il doppio legame

Il doppio legame terapeutico stimola al cambiamento, proponendo un'illusione di alternative tra più possibilità con connotazioni positive.

IL DOPPIO LEGAME PATOLOGICO

Il doppio legame è un'incongruenza tra due messaggi, il primo di tipo verbale, il secondo, non sempre verbale, posto a un livello più astratto. Il secondo messaggio può essere dato dall'atteggiamento del corpo, dal comportamento, oppure da una determinata connotazione affettiva o di ripulsa che si dà al tono della voce.

In psicoterapia è famoso l'invito paradossale: "Sii spontaneo!". Se il recettore del messaggio obbedisce, non è più spontaneo: per essere veramente spontaneo dovrebbe disobbedire! Arone di Bertolino afferma che i messaggi più subdoli sono quelli sensoriali, cioè si esprime un esplicito invito con la voce, mentre con il corpo si assume un atteggiamento d'allontanamento. Farò alcuni esempi pratici. La mamma chiama il proprio bambino che sta giocando con la sabbia in riva al mare. La mamma gli dice di venirle vicino e di stare un po' con lei. Poi, però, quando il bambino si avvicina, la madre si mette a parlare con un'amica e si dimostra un po' scocciata per la presenza del piccolo. A questo punto, lo invita a tornare a giocare, ma gli rimprovera di non essere autonomo e di starle sempre attaccato alle gonne!

«Consideriamo un altro caso con analoghe incongruenze di messaggi. La mamma dice al proprio bambino che è arrivato il momento d'imparare a camminare. La mamma non gli spiega nulla e, tanto per aumentare le incertezze del piccolo, gli dice che non è detto che ci riuscirà. Il bambino non sa bene cosa fare e come farlo. Decide di provarci lo stesso. Fa qualche passo e poi cade. La mamma allora gli dà due ceffoni, gli dice che è brutto, sporco e cattivo, perché non è in grado di fare le cose che gli sono state chieste! Il bambino non è in grado di discriminare la realtà perché non ha un'esperienza alle spalle che lo sorregga, perciò non ci capisce niente! In ogni modo, a qualsiasi età è possibile rendere qualcuno vittima di uno o più messaggi incongruenti. Per esempio una madre dice alla figlia adolescente che oramai deve considerarla non più come una madre, bensì come un'amica desiderosa di raccogliere le sue confidenze. La madre perciò chiede alla figlia di raccontarle tutto del suo ragazzo. La ragazza, felice d'avere quest'insperata opportunità di dialogo, superando il proprio ritegno confida alla madre che il fidanzato le tocca le tette! Per tutta risposta la madre, alterandosi di brutto, le dà della puttana! Certo, come dialogo non c'è male! Un ultimo esempio. Un padre dice al proprio bambino che deve fare una certa cosa. Il bambino ha capito cosa deve fare, ma non sa come farla, perciò non ci riesce. Il padre invece di spiegargli lo rimprovera perché non è in grado di fare e poi lo allontana dicendogli che ci penserà lui a terminare il lavoro! Risulta evidente da tutti gli esempi riportati che chi riceve il doppio legame è una vittima, perché non sa e non può reagire al messaggio. Resta in un qualche modo bloccato perché se fa, fa male e viene rimproverato, se non fa, disubbidisce ed è ugualmente rimproverato. Qualunque cosa faccia è una vittima designata. La reazione di chi recepisce il doppio legame lega il doppio legame in un ciclo paradossale che si autoperpetua. Tutti noi, in momenti diversi della nostra vita, abbiamo provato il doppio legame. Ricordo che mia nonna aveva sempre freddo, perciò mandava me a mettere il golfino! L'insicurezza e il complesso d'inferiorità sono sempre doppi legami. Per esempio, persone adulte che hanno già una visione della realtà si trovano davanti a un capoufficio che dice loro che devono essere in grado di fare questo e quello ma poi va a controllarle in continuazione. In pratica, è come se dicesse loro che non sono in grado di fare! Questa situazione crea uno stato d'insicurezza totale. In conclusione: qualsiasi cosa gli impiegati fanno, hanno torto! Hanno torto se hanno torto! Hanno torto se hanno ragione! Ne risulta uno stato d'insicurezza totale che fa mancare la terra sotto i piedi! Questa specie di doppio legame è in fondo una metacomunicazione incongruente».

IL DOPPIO LEGAME TERAPEUTICO

Tutti quelli esaminati finora sono dei doppi legami patologici. I doppi legami patologici, se avviati nell'età infantile, possono determinare in chi li subisce dei disturbi di tipo schizofrenico. Esaminiamo ora il doppio legame terapeutico che presenta il rovescio della medaglia: infatti, come abbiamo già visto nella prescrizione del sintomo, diventa un'arma potente in psicoterapia. In un doppio legame patologico la vittima soffre sia se può fare qualcosa sia se non la fa. In un doppio legame terapeutico la persona è condannata a cambiare perché le viene proposta un'illusione di alternative. In tale illusione le viene sottoposta una scelta tra due realtà con connotazioni positive che, magari, possono differire tra loro solo in senso temporale. La scelta avviene nell'ambito di una cosa che è stata già decisa dal terapeuta. **La persona, qualunque realtà scelga, sceglierà comunque di cambiare. L'obiettivo del doppio legame è quello di indurre un cambiamento.**

La persona è dannata, in senso positivo, a fare una qualche cosa se accetta l'illusione di alternative proposte dal doppio legame. Facciamo alcuni esempi di frasi in doppio legame. Potrei dire: "Vuoi entrare in trance... adesso... o... più tardi?" "Vuoi guarire... tra cinque minuti... o... preferisci tra due giorni?" "Prenditela pure comoda, non avere fretta! Non guarire... subito... aspetta pure... fino a domani!" "Preferisci andare... in ipnosi... o... in training autogeno... decidi tu!".

Sono tutte situazioni di false alternative che hanno in comune una soluzione positiva per la persona, differita solo in senso temporale.

Nel caso dell'ipnosi e del training la differenza è solo apparente e non sostanziale, poiché sono ambedue situazioni di rilassamento, raggiunte con modalità diverse. La persona è "condannata" a rilassarsi perché viene messa in una condizione di falsa alternativa tra due situazioni di rilassamento. La vera alternativa sarebbe stata tra scegliere di rilassarsi o di rimanere in tensione, ma così che vantaggio ne avrebbe avuto?

Facciamo un altro esempio: "Preferisci andare in ipnosi... con gli occhi aperti... o... chiusi? Decidi come vuoi... ma se vorrai chiuderli, sarà molto più facile lasciarti andare sempre di più... Vuoi... una caramella?". È un'illusione d'alternative espressa in doppio legame terapeutico. Nel momento in cui la persona accetta la domanda in merito al come farlo, cioè a occhi aperti o chiusi, ha già implicitamente accettato che deve farlo, vale a dire che deve immaginare e visualizzare. Inoltre, visto che ha già accettato, sceglierà la via più comoda. In altre parole terrà gli occhi chiusi. È una situazione senza via d'uscita: anche se la persona scegliesse di tenere gli occhi aperti, dovrebbe comunque immaginare e visualizzare! La frase "Vuoi una caramella?", oltre a esprimere l'inaspettato, è una suggestione paradossale che lega il doppio legame. La caramella è dolce come l'ipnosi; il doppio legame è completato dal paradosso.

In sintesi: la persona, qualsiasi cosa faccia nell'ambito della scelta proposta, è "condannata" a rimanere nei giardini dell'Eden!

Il momento ideale per far calare il doppio legame è durante l'induzione d'ipnosi. Consideriamo un'altra suggestione in doppio legame. Per esempio: "E tante cose finiranno per mettersi a posto col tempo... domani... dopodomani... o forse... oggi stesso". L'obiettivo e il vero messaggio del doppio legame stanno tutti nelle parole iniziali della frase, vale a dire "tante cose finiranno per mettersi a posto". Il resto della frase è illusoria, è una falsa alternativa legata al tempo. La falsa alternativa dà per scontato che tante cose finiranno col mettersi a posto. Il terapeuta non specifica quali cose si sistemeranno nel tempo. La genericità dell'invito dà alla persona la possibilità di esplorare innumerevoli spazi e allarga le possibilità di scelta. La persona, comunque, sa benissimo quali sono le cose da sistemare e ha troppa voglia di stare meglio, quindi accetta il doppio legame. Inoltre è necessario ricordare che il doppio legame generalmente viene dato in stato d'ipnosi, dopo che una persona ha avuto tutto il tempo di elaborare i diversi punti di vista proposti dal terapeuta. Il doppio legame rappresenta la conclusione, in qualche modo guidata, di tutta una serie d'interazioni che hanno lo scopo d'innescare nella persona l'inizio del cambiamento.

L'ANZIANO ESIBIZIONISTA

Vincenzo era un signore di sessantacinque anni, dall'aspetto innocuo. Un giorno, indossò un impermeabile bianco e con nient'altro addosso andò alla fermata dell'autobus e aprì l'impermeabile di fronte a una signora che aspettava l'autobus, mostrandole il proprio corpo nudo. Poi scappò verso la sua auto, che aveva parcheggiato in una strada adiacente. La signora, riavutasi, lo rincorse, prese il numero di targa e denunciò il fatto ai carabinieri. Questi arrivarono a casa di Vincenzo e dissero che avevano ricevuto anche altre segnalazioni, tutte riferite a una persona che corrispondeva alla descrizione fatta dalla signora. Il figlio, preoccupato per la gravità dell'episodio, mi telefonò e mi raccontò il fatto. Mi chiese il nome di uno psicologo al quale inviare il padre. Gli diedi il nome di un professionista e pensai che la cosa potesse risolversi in quel modo. Dopo due giorni, la moglie di Vincenzo mi telefonò disperata, dicendomi che il marito si era chiuso in camera, sprangata da una pesante porta, e che non voleva aprirle. Dall'armadietto dei medicinali erano scomparsi tutti gli psicofarmaci (prevalentemente benzo-diazepine), di cui lei faceva largo uso. Io non potevo fisicamente intervenire, poiché vivevo molto distante da casa loro. Le chiesi se, nella camera, c'era una derivazione del telefono. Mi rispose di sì. Le dissi di urlare al marito, attraverso la porta, che c'ero io al telefono e che doveva assolutamente sollevare la cornetta. Lui mi conosceva bene: ero sicuro che mi avrebbe risposto. E così accadde. Vincenzo mi rispose con voce impastata.

Gli dissi che doveva assolutamente aprire la porta, perché era necessario ricoverarlo subito in ospedale. Lui mi rispose che si vergognava terribilmente della situazione in cui si trovava, che non resisteva al disonore che ne derivava e che voleva farla finita perché si sentiva infamato. A questo punto gli dissi: «D'accordo, tu vuoi farla finita! Un innocente non si uccide ma combatte! Hai capito? Perché vuoi dare questa soddisfazione a gente cattiva? So che vuoi bene a tua nipote (aveva un'unica nipote di quattordici anni). Le vuoi bene sì o no? Fammi sentire forte quel sì! Bene! Se lo fai, le lasci un marchio d'infamia! Dovrà combattere da sola contro tutta quella gente. La verità è una sola. La verità viene sempre a galla. Se apri quella porta, ti aiuterò a dimostrarla. Mi capisci?». Mi alle-

ai con lui, che negava di avere commesso il fatto e sosteneva che erano solo calunnie di quella donna. Percepivo che in un qualche modo mi seguiva. Urlavo al telefono e chiedevo conferme, perché mi rendevo conto che stava per perdere conoscenza. Continuai dicendogli che se lui fosse morto suicida, sua nipote non avrebbe potuto fare concorsi statali: ne avrebbe portato un'onta per tutta la vita e tutti a scuola l'avrebbero additata! Visto che mi seguiva, non mi preoccupai se fosse o no una stupidaggine quello che dicevo! Gli ripetei che la nipote di un suicida non può fare concorsi statali e che con il suicidio avrebbe rovinato la vita a un'innocente. Ascoltava sempre più a fatica le mie parole apparentemente banali e paradossali. Dovevo concludere. «Apri quella porta! Immediatamente!» Vincenzo riuscì ad arrivare a quella pesante porta e ad aprirla, in modo da permettere agli addetti all'ambulanza (nel frattempo chiamati dalla moglie) di entrare. Fu ricoverato e si salvò. Alla dimissione venne nel mio studio. Evitai l'atteggiamento dello psicologo che lo aveva trattato in precedenza. Il figlio, che aveva assistito al colloquio, mi aveva riferito che lo psicologo aveva portato il padre a prendere coscienza di questo fatto infamante. Inoltre, la moglie mi aveva confermato che questo comportamento del marito era abituale: in diverse occasioni si era messo in mostra nudo. Mi sembrò assurdo rinnovare il tentativo di fargli prendere coscienza del problema, prima di tutto perché era stato il comportamento di tutta una vita, poi perché il fatto di fargli prendere coscienza lo aveva portato al tentativo di suicidio. Decisi di procedere diversamente, con un intervento in doppio legame. Gli dissi: «Guarda e ascoltami bene... Noi, adesso, dobbiamo fregarli tutti... Dobbiamo dimostrare che sei innocente... Sei d'accordo? Bene... L'unico modo per farlo... è... che tu esca, a piedi o in macchina; sempre accompagnato da qualcuno dei tuoi familiari... in modo che... nessuno potrà mai dire che tu abbia fatto queste cose o che tu le possa rifare... Nessuno lo potrà più dire... perché tu avrai dei testimoni inoppugnabili... che potranno testimoniare... la tua completa innocenza... Nessuno... potrà mai più calunniarti!».
Questo discorso non lo convinse del tutto, ma lo accettò, soprattutto per il fatto che ero d'accordo con lui, che gli dimostravo la mia stima e fiducia. Accettando la mia alleanza e la modalità di attuarla, era prigioniero del fatto che non avrebbe più potuto commettere quello che gli altri gli imputavano. In seguito comunicai a tutti i parenti interessati che avrebbero dovuto accompagnarlo dovunque lui fosse andato, per evitare altri spiacevoli episodi. In questo modo l'onore della famiglia sarebbe stato salvato, dato che essendo sotto il loro completo controllo, non sarebbe più stato in grado di nuocere a se stesso e agli altri. Vincenzo aveva fiducia, aveva accettato l'alleanza, aveva accettato i termini dell'accordo, era prigioniero della ragnatela tessuta intorno a lui dai famigliari, poteva dimostrare la sua tesi di completa innocenza ed essere un anziano signore amato e coccolato.

Comunicare con la parte emotiva

I messaggi positivi

Il terapeuta è come un pittore che può trasfigurare gli individui facendoli diventare quello che non sono mai stati prima, cioè se stessi.

Il terapeuta attinge dal profondo di ognuno le risorse e le potenzialità inespresse, vale a dire quello che sanno già fare ma non hanno coscienza di poter fare. È insito nel concetto del rapporto il rispetto per l'anima della persona.

È necessario prestare attenzione a quello che una persona dice, perché quello che conta non è l'entità del problema ma come la persona lo vive. **Un problema vuol dire sofferenza profonda dell'anima.**

Sarebbe opportuno etichettare diversamente il problema, per esempio definirlo come una **soluzione errata**: in tal modo risulta più facile **sgridare l'errore e non l'errante** e proporre delle possibili soluzioni, **visto che in gioco non è più la persona intesa come entità ma il suo comportamento.**

Creare rapporto significa sintonizzarsi con quella persona in modo tale che la comunicazione sia fluida e coinvolgente. Il rapporto s'instaura uniformandosi al comportamento della persona: bisogna sempre osservare il comportamento della persona e il suo modo di comunicare. I due studiosi Bandler e Grinder, dicono: «Parlare di sensazioni, nel momento in cui l'altro ha immagini visive, non costituisce rapporto. Se invece calibrate il ritmo della vostra voce a quello della sua respirazione, se sbattete le palpebre, se vi dondolate o annuite allo stesso ritmo suo, creerete rapporto. Se dite: "Ti rendi conto del calore della tua mano, dei suoni della stanza, dei movimenti del corpo mentre respiri", queste parole asseconderanno l'esperienza della persona perché tutte queste cose sono lì presenti». La comunicazione, inoltre, deve essere armonica, vale a dire: ciò che si dice lo si deve anche sentire dentro, altrimenti si ha una trasmissione empatica negativa. È necessario poi ribadire, visto che il significato di una comunicazione non consiste in quello che viene dato ma in quello che viene recepito, che, se si percepisce tensione nel nostro interlocutore, è sempre opportuno cambiare percorso, rispiegare quanto si è detto, oppure fare delle domande per capire.

Abbiamo finora detto cosa è necessario fare nella fase preparatoria e iniziale dell'induzione; vediamo ora cosa è necessario non fare.

I messaggi negativi hanno un impatto immediato e vengono facilmente accettati senza discussioni. Se io dico: "Stupido!" in mezzo a una folla, si voltano almeno in dieci. D'accordo, qualcuno si volterà arrabbiato, ma certamente qualcun altro lo farà inconsciamente perché si sente inadeguato, in colpa verso qualcosa o qualcuno e forse anche stupido, perché, a forza di sentirselo ripetere, nel corso della sua vita se ne è convinto. Noi, in quell'attimo, diventiamo la conferma di come lui si sente. Quello che io credo vero è più vero di quanto non possa essere vero e quello che io credo vero è talmente vero, che finisco inevitabilmente per realizzarlo.

Se io invece a qualcuno dico: "Bello!" non sempre il termine positivo viene accettato, perché suscita perplessità o discussione con se stessi, per vari motivi che possono essere la propria esperienza, un senso di inadeguatezza che uno percepisce dentro, un modo di sentirsi e di giudicarsi.

Se dico: "Bello!", uno magari si guarda intorno alla ricerca di qualcun altro o si chiede subito dove stia la fregatura, domandandosi: "Chissà dopo cosa vuole da me" oppure: "Cosa cercherà di vendermi?". Se lo dico a un maschietto magari mi ribadisce subito che lui è eterosessuale!

Arone di Bertolino afferma: «È necessario evitare qualsiasi messaggio negativo. Se una persona arriva da me mangiandosi le unghie e io le dico che questo deriva dalle sue problematiche incasinatissime, per la legge del panino imburrato lei becca subito questo messaggio e si struttura un problema che magari non c'è. **La legge del panino imburrato dice che un panino quando cade, cade sempre dalla parte del burro**. Un messaggio negativo crea ansia e scocciatura nella parte emotiva. È necessario anche evitare messaggi che generano dubbio, in quanto viene recepito l'aspetto negativo. È necessario altresì evitare commenti e istruzioni che dipendono dalla nostra educazione e che ci portano a generalizzare». Frasi fatte, modi di dire, generalizzazioni che spesso fanno parte del nostro vivere quotidiano e che molte volte vengono dette non per una precisa volontà di nuocerci, ma per una semplice ma stupida abitudine. Frasi come: "Ti va bene, eh! Ti va troppo bene!" fanno quasi sentire in colpa perché le cose della vita stanno andando per il verso giusto e creano l'aspettativa che prima o poi qualcosa di brutto dovrà per forza accadere, quasi come se fosse inevitabile, visto che con questa frase si dà quasi per scontato che dobbiamo stare male. Lo stesso può dirsi per frasi come: "Troppo comodo pensarla così!", come se il modello che propongono fosse quello della scomodità. **Ma se io ho una poltrona confortevole** regolarmente acquistata, sulla quale, se qualcuno lo desidera, lo faccio anche accomodare, **perché non ho il diritto di godermela?** Certamente, se **quello che ha ispirato questi modi di dire è il fatto che la vita debba per forza essere una valle di lacrime**, be' allora non ci sono problemi: io capisco, ma non mi adeguo! **Resta il fatto che, con una simile visione di fondo della vita, queste persone qualche sofferenza sicuramente ce l'hanno e se non ce l'hanno, sicuramente se la procurano.** Difficilmente si potrà togliere la sofferenza senza mutare la loro concettualità sulla vita.

A tutt'oggi, nonostante le riforme scolastiche, vi sono purtroppo sacche di resistenza in alcuni insegnanti che arrivano a dire agli alunni frasi del tipo: "Non capirai mai niente di questa materia... Non hai le basi... Non sei maturo... Se non cambi verrai bocciato... Sei troppo distratto". E, infine, la frase più inesorabile, che lo fa sentire diverso anche se diverso non è: "Tu hai bisogno dello psicologo dello sportello di ascolto".

Se io dico a qualcuno che non capisce una certa cosa, lo metto nella condizione psicologica di non capirla. La minaccia della bocciatura lo fa sentire fuori gara e stimola la sua ribellione, che si può manifestare anche con il perpetuare i suoi atteggiamenti di non attenzione. Se uno è distratto, vuol dire che ha molta fantasia e vuole altresì dire che l'insegnante non è abbastanza bravo per riuscire a spiegarsi e a interessarlo. Il bisogno dello psicologo, o addirittura dello psicoterapeuta o dello psichiatra è relativo a ben pochi casi. **Molte volte una terapia diventa una creazione di motivi che confermano il proprio disagio e l'incomprensione che si sente intorno.**

THOMAS WILLER. IL LINGUAGGIO E LA SCUOLA

Ricordo il caso di Thomas, un bambino di nove anni, che frequentava la scuola elementare. Thomas soffriva di un fastidiosissimo tic oculare, che si accentuava nelle ore di lezione. La situazione famigliare era apparentemente tranquilla, anzi il rapporto con i genitori sembrava sereno. Il problema era a scuola, dove il tic oculare si accentuava enormemente, tanto da creargli delle difficoltà visive che a volte gli impedivano di seguire le lezioni. In realtà il bambino aveva dei seri problemi d'integrazione scolastica; era distratto, disattento, svogliato, ribelle, con dei grossi problemi di comunicazione verbale con i compagni di scuola e con l'insegnante, perché a casa, con i genitori, parlava unicamente il dialetto. Lo aveva imparato dalla nonna, con la quale passava gran parte della giornata, poiché entrambi i genitori lavoravano. A scuola non dimostrava alcun interesse per la lingua italiana, sembrava che non avesse alcuna intenzione di impararla, tanto è vero che, imperterrito, continuava a parlare il suo dialetto. Anzi, quando l'insegnante gli si rivolgeva in italiano, lui non capiva o faceva finta di non capire. L'insegnante si irritava molto per questo comportamento e si irritava ancora di più quando Thomas rispondeva in dialetto. L'insegnante decise che il bambino aveva bisogno dello psichiatra e convocò i genitori a tal riguardo. I genitori, prima di rivolgersi allo psichiatra, vennero da me. Dopo avermi spiegato le cose, mi lasciarono da solo con il bambino. Io parlai a Thomas direttamente in dialetto. Ci demmo subito del tu. Dopo cinque minuti ci chiamammo direttamente per nome. Gli chiesi se voleva provare a togliere quel tic. Lui mi disse che si poteva fare. Lo misi disteso sul lettino. Gli spiegai che in quella posizione era per me molto più comodo potergli toccare tutti i singoli muscoli del viso, in special modo quelli che erano legati al movimento degli occhi. Gli chiesi se non avesse mai avuto un crampo al polpaccio andando in bicicletta, camminando oppure nuotando. Mi rispose che lo aveva avuto una volta, durante la notte, ma che la mamma era arrivata subito a massaggiarlo e a tranquillizzarlo. Gli dissi: «Bene! Anche la mia mamma faceva così con me, quando ero piccolo. Se vuoi... possiamo provare a massaggiare i muscoli del viso che hanno il crampo... Tutto passa quando arriva la mamma...».

Lui mi guardò e mi chiese cosa cavolo c'entrava tutto questo col tic. In realtà, voleva dirmi che non stava capendo.
Cambiai discorso. Gli chiesi se andava d'accordo con le insegnanti. Lui mi rispose che una delle sue maestre era stupida. Io rallentai il ritmo delle mie parole e iniziai a parlargli durante le sue inspirazioni, dicendogli: «Sai... gli adulti non funzionano così bene come i bambini, perché hanno un sacco di pensieri e di problemi...». Lui sembrava interessato.
Mi chiese il tipo di problemi che potevano avere gli adulti. Io dissi: «Tanti problemi... A volte... gli adulti non si rendono neppure conto di averli... Gli adulti sono un po' strani... Vedo che sei d'accordo, perché stai annuendo con la testa... A volte sono nervosi per qualche cosa...».
Lui mi interruppe, dicendo che anche i suoi genitori a volte erano nervosi. In genere erano nervosi quando erano stanchi. Lui capiva quando lo erano perché quando giocavano con lui si stufavano subito.
Io ripresi: «Anche una maestra può essere nervosa... magari è solo stanca... Bisogna avere pazienza con gli adulti... A volte... quando gli adulti sono nervosi se la prendono con i più piccoli...».
«Allora» mi disse «sono cattivi».
«No... no...» risposi «gli adulti hanno solo... delle cattive abitudini... e non si divertono come noi...»
Lui mi chiese con che cosa mi piacesse giocare. Gli dissi che era un bel po' di tempo che non giocavo, ma che una volta mi piacevano molto i trenini elettrici. Però potevo giocare solo con quello che avevo, qualche soldatino oppure con la vecchia bambola di mia madre. In ogni caso le storie che inventavo, insieme a mia cugina, erano ugualmente molto belle.
Thomas mi disse che anche lui giocava con la sua cuginetta, poi mi chiese come mai parlavo così male il dialetto. Gli risposi: «Sai, io non sono nato qui. Anche i miei genitori vengono da un'altra regione. Fino a venticinque anni ho sempre parlato solo l'italiano. Poi, appena laureato, andai in un paese in cui parlavano solo in dialetto. Loro erano in tanti e io ero solo. Sarebbe stato molto difficile insegnare l'italiano a tutti. Era molto più facile che imparassi io il dialetto. Sai... c'è un modo di dire... che dice... se la montagna non va a Maometto... Maometto va alla montagna... Lo capisci? ... Se io aspetto che una montagna mi venga incontro... penso proprio che potrei aspettare per tutta la vita... L'unico modo è questo: devo andarci io... E così ho fatto... Volevo chiederti una cosa. Qual è il tuo eroe preferito? ...Il mio era Superman... Io leggevo i fumetti... Tu avrai visto il film, vero? ... Ricordi... aveva due identità... Da una parte era il giornalista Clark Kent, così timido e impacciato... dall'altra era Superman... un supereroe, con superpoteri... Poteva parlare un sacco di lingue... Poteva parlare l'inglese, perché nella sua città, a Metropolis, si parlava l'inglese... Così poteva capire la gente

e farsi capire... Superman sapeva parlare un sacco di lingue e di dialetti, così si faceva capire da tutti... Parlava anche il kriptoniano... Sarebbe bello che tu imparassi l'italiano... e sarebbe ugualmente bello che la tua maestra imparasse il dialetto... A te l'ho detto oggi... a lei posso dirlo domani... Decidi tu... se devo dirglielo oggi oppure domani... Pensa che figuraccia le farai fare... perché sono convintissimo che lei il dialetto lo imparerà malissimo... Sarebbe bello prenderla in giro per tutti i suoi errori... e magari darle anche un brutto voto... Così impara! Ora pensiamo a quei crampi... che invece di venirti nel polpaccio... **per errore**... ti vengono nei muscoli vicino agli occhi... È un errore... che possiamo correggere, come se fosse un errore scritto sulla lavagna... Mi viene in mente un vecchio film che ho visto alla televisione... Un sottomarino veniva miniaturizzato, cioè fatto diventare piccolo piccolo... Anche gli scienziati, che dovevano guidarlo, venivano rimpiccioliti... Il sottomarino, diventato piccolo come un granello di polvere... veniva messo su una goccia di sangue e poi aspirato da una siringa... quindi iniettato in una vena di una persona malata, che solo così poteva essere salvata... Il sottomarino percorreva i canali del sangue come fossero oceani... e poi arrivava dove doveva arrivare... Dove c'era un muscolo, che aveva un crampo mai visto prima... e gli omini uscivano dal sottomarino indossando i loro scafandri e si mettevano a fare il solletico a quel muscolo... e così il crampo spariva...».

Thomas mi interruppe, dicendo che quel film l'aveva visto anche lui, e le cose che dicevo sul solletico erano delle gran balle, perché quello scienziato aveva tutt'altra malattia! In ogni modo, quello che avevo detto lo divertiva perché sorrideva.

Gli dissi: «Hai perfettamente ragione... ma... io cercavo qualcosa che ci aiutasse dal di dentro... Il sottomarino faceva parte di un film... ma ci sono dentro di noi delle cose che ci possono aiutare... Hai visto i video sul corpo umano? Tutti quegli omini rossi, tutti quegli omini bianchi... che lavorano dentro i canali del sangue... e che lo difendono da tutti i nemici... Tutta quella gente lì... se si mette a lavorare sul serio... può sciogliere almeno cento crampi, in un'ora sola di lavoro... In fondo... un crampo è come un gomitolo di lana aggrovigliato dal gatto... Basta avere un po' di pazienza... e si riesce a dipanarlo, cioè a rimetterlo a posto... Proviamo a lavorare un po' sui tuoi cento piccoli crampi... Noi lavoriamo dal di fuori... mentre i tuoi omini rossi e i tuoi omini bianchi, cioè, come hai visto nei video, le cellule del tuo sangue... possono lavorare dal di dentro in tante maniere... Magari massaggiando dall'interno... oppure tirando e stirando... oppure facendo arrivare tanto sangue... che, come un torrente in piena, scioglie anche la roccia più dura... Che cosa vuoi che sia un crampo a confronto!... Non posso lasciar fare tutto ai tuoi omini... Ora... ti tocco... quel piccolo muscoletto... lì, sopra l'occhio... Lo senti? Bene!... Ora ti tocco... quell'altro muscoletto... là, sotto l'occhio... poi quell'altro a fianco... quell'altro un po' più in là... quello più su... e poi quello più giù... Scusa... stavo dimenticando... quello in mezzo ai primi due... oppure... era fra il quarto e il quinto? ... Dai... facciamo un gioco... Facciamo uno scherzo a tutti quegli omini rossi e bianchi che stanno lavorando come dei dannati... Loro sciolgono i muscoli... e invece noi facciamo l'opposto... Tutti i muscoli che ho toccato... li facciamo diventare duri... duri... Non ci riesci!... Non ci riesci a...». Vedevo in Thomas dei segni di evidente sofferenza. E allora ripresi: «Bene, allora, se hai scelto di fare un'altra cosa... allora falla... allora lasciali andare... sciogliili... rilassali tutti... Bravo... Thomas... **tu hai una forte volontà... una volontà più forte della mia**... Molto bene... Ora... come se i tuoi piccoli muscoli fossero tanti piccoli pezzi di un puzzle... uniscili... incastrali uno accanto all'altro... e tutta la tua faccia... e anche i tuoi occhi... si sciolgono... si rilassano completamente... Molto bene, Thomas... Sei stato bravissimo... A proposito... ti ricordi di Tex Willer... Lui con il figlio Kit e con l'amico Kit Carson... parlava l'inglese... ma... con Tiger Jack, il suo amico indiano... parlava il dialetto dei Navajos... Molto bene... Thomas Willer... vorrei, se lo vuoi, che, alzandoti dal lettino, tu potessi salutarmi... oppure dirmi quello che ti passa nella testa nella lingua dei Navajos. Perdonami, dimenticavo che non la conosci ancora... Bene, allora, dimmelo in italiano». Thomas aveva i muscoli del viso completamente rilassati. In quel momento non era visibile alcun tic. Si alzò dal lettino e in dialetto mi disse qualcosa che esprimeva stima e profonda identità di vedute, e poi me la ripeté in italiano. Quella fu la prima e unica volta che vidi Thomas. Peccato per l'amicizia che stava nascendo.

Nei giorni a venire i tic ricomparvero, com'era naturale che fosse dopo una sola seduta, permanendo i motivi di tensione e di disturbo. Ma non fu quello il motivo per cui Thomas non tornò. La maestra, quando seppe che i genitori mi avevano portato il bambino, s'irritò dicendo che quello che facevo erano delle stupidaggini e che Thomas aveva bisogno di uno psichiatra. La maestra tanto fece che alla fine la spuntò. Thomas iniziò una lunga terapia farmacologica che invero gli ridusse l'entità del tic, ma gli portò tutta una serie di disturbi collaterali, lasciando pressoché inalterati i disturbi dell'apprendimento scolastico, le difficoltà a socializzare e a comunicare. Questa situazione irrisolta va avanti da cinque anni.

Al di là degli sviluppi delle cose, che purtroppo non dipendono sempre da noi, potremmo valutare le modalità di questa induzione d'ipnosi. Due sono state le direzioni di lavoro: una richiesta da Thomas, di risolvere il suo fastidioso tic, l'altra di ridurre la tensione che si era creata con quella particolare insegnante e migliorare la socializzazione del bambino, anche imparando l'italiano. Non ho fatto interpretazioni, non ho unito le due cose, ma le ho lasciate correre

separatamente, convinto che comunque il miglioramento dell'una avrebbe inciso positivamente sull'altra.
Con ogni persona è opportuno calarsi nel suo ambiente e parlare il suo stesso linguaggio. Dire: "Diamo un brutto voto (alla maestra), così impara!" esprime, anche nel modo verbale, quello che veramente poteva pensare e dire un bambino. La frase: "Decidi tu, se devo dirglielo (alla maestra)... oggi o domani" è una falsa alternativa che dà quasi per scontata la prima parte della comunicazione, cioè che comunque Thomas poteva imparare l'italiano. Questo tipo di comunicazione (rimando per maggiori dettagli al capitolo precedente) è chiamato "doppio legame". È necessario, quando si propone un'alternativa, dare sempre delle possibili e reali soluzioni al problema. È per questo motivo che ho detto: «I crampi al viso sono un errore». Usando il termine errore, si dà già implicitamente la possibilità di correggerlo. È opportuno altresì presentare sempre più soluzioni, cosicché la persona possa scegliere quella più comoda. Guardando in ogni direzione, si trovano soluzioni apparente mente insospettabili e inconsuete potenzialità come quel: «Cercare qualcosa che ci aiuti dal di dentro, come i globuli rossi e bianchi». Quando invito Thomas a far diventare più duri i suoi muscoli già contratti per il tic, sto prescrivendo il sintomo, anzi sto amplificando quello che lui sta già facendo. In tale situazione Thomas ha due alternative: quella di obbedire alla prescrizione, cioè contrarre ancora di più i suoi muscoli, e in questo caso non ci riesce, oppure rilassarli. Thomas ha deciso di rilassarli: era quello che tutti e due volevamo. Thomas viene lodato affinché aumenti la fiducia in se stesso, per esempio con quel: «Molto bene... bravo... tu hai una volontà più forte della mia...». **Se si vuole ottenere qualcosa da qualcuno, bisogna stimolarlo positivamente**. I messaggi positivi vibrano alla stessa frequenza dell'inconscio e quindi sono in grado d'influenzarlo. Messaggio positivo non vuol dire solo vedere un bicchiere mezzo pieno anziché mezzo vuoto, o credere che nella vita è molto meglio stare comodi che scomodi, ma vuol dire anche **valorizzare quello che siamo e quello che possiamo fare** con le risorse di cui disponiamo. Per instaurare una comunicazione con una persona, è necessario parlare il suo linguaggio e ricalcare esperienze che lei conosce. L'esperienza dei fumetti, dei video e del puzzle, comune alla maggioranza dei bambini, può fornire delle opportunità per fare terapia, estrapolando delle storie e creando delle metafore che possono servire per affrontare il problema da punti di vista diversi e maggiormente coinvolgenti. Thomas ha accettato di essere ribattezzato col nuovo nome di Thomas Willer. Accettando il nuovo nome e il ruolo che quel nome comportava, poteva accettare anche quelle cose che Willer faceva, cioè parlare sia la lingua degli uomini bianchi che quella degli uomini rossi. Thomas Willer aveva maggiori opportunità di comunicazione, e quindi anche di

divertimento, parlando sia l'italiano sia il dialetto e, chissà, magari in futuro, anche il kriptoniano come Superman. L'invito fatto a Thomas al termine della seduta, di salutarmi oppure di dirmi quello che gli veniva in mente in quel momento, è un'altra illusione di alternative che viene posta nella prima parte del messaggio, mentre do per scontato che qualunque cosa dirà, la dirà in italiano. Thomas ha scelto il giusto mezzo: infatti, mi ha risposto metà in italiano e metà in dialetto... proprio come poteva e doveva fare Thomas Willer!

IL BAMBINO A CUI NON PIACEVA SCRIVERE MA A CUI PIACEVA GIOCARE

Ricordo un altro bambino di otto anni, di nome Alessandro, che aveva da poco tempo subito un intervento chirurgico a cuore aperto. Alessandro amava molto il gioco. A scuola si distraeva facilmente, si rifiutava di scrivere dettati e di trascrivere dalla lavagna. La madre me lo lasciò. Parlai un po' con lui, ma percepivo che era annoiato. A un certo punto gli dissi: «Giochiamo?». Lui annuì e tirò fuori dalle tasche delle automobiline. Giocammo per un po' sulla scrivania, poi gli proposi un altro gioco: lui avrebbe fatto il medico e io il paziente. Si sedette sulla mia poltrona e io dall'altra parte della scrivania. Feci il perfetto paziente, carico di malattie, e gli dissi che per ogni malattia, lui avrebbe dovuto prescrivermi degli esami e delle medicine. Dato che lui non sapeva quali esami e quali farmaci prescrivermi, io gli avrei dettato dei nomi e lui li avrebbe scritti. Subodorò che lo stavo fregando e mi guardò imbronciato, ma oramai era troppo tardi! Gli dissi che quello era il compito del medico e, per rendere il gioco ancora più realistico, gli dissi che avrei atteso in sala d'aspetto e che mi sarei annunciato suonando il campanello. Prima di concedermi di entrare mi fece aspettare un bel po', poi fu costretto a comportarsi come un medico e mi prescrisse sotto dettatura tutto quello che mi sarebbe servito. Ripetemmo il gioco diverse volte e quando ritornò la madre, lui le prescrisse esami e farmaci. La scuola dovrebbe essere fatta a misura di bambino e non per gli adulti.

LE BATTUTE E LE SDRAMMATIZZAZIONI

Le battute sdrammatizzano determinate situazioni e creano nella persona un cambiamento del punto di vista. Anche la battuta crea rapporto, perché la tensione si può sciogliere con una risata liberatoria; comunque, nell'induzione d'ipnosi un sorriso vale una risata. La battuta permette di sdrammatizzare, di valutare l'intensità del rapporto con la persona, di apprezzarne la recettività, di verificare attraverso il suo sorriso cambiamenti dell'immagine di sé e dei suoi punti di vista. La battuta (e il controllo dei suoi

effetti) è un'importante cartina di tornasole per rivelare e rilevare lo stato emozionale di una persona.
Parlare di cose serie inframmezzandole con lazzi e battute può sembrare strano, ma non è forse così anche nella commedia dell'arte, in cui si ride della morte e dei problemi della vita? In fondo è un modo per privare la mente dell'angoscia e della morbosità che, quasi in automatico, certi argomenti suscitano. Inoltre, il divagare per poi tornare sull'argomento iniziale è un uso continuo e magistrale del pensiero divergente, che si allarga in tutte le direzioni per inglobare la complessità della vita e dell'esistere...
Arone di Bertolino, che la chiama "presa in giro-terapia", dice: «**Io non prendo in giro la persona, io l'aiuto a ridere dei suoi problemi! Io non rido di lei, io rido con lei! La aiuto a ridere dei suoi problemi e le faccio ritrovare l'armonia con se stessa**».
Si ride assieme alla persona. Si ride dei tabù, delle concettualità negative, delle paure, delle insicurezze, dei sensi di colpa, delle angosce, dei blocchi che le persone hanno quando considerano le cose da un unico punto di vista: quello per loro più sfavorevole!
Nel libro di Erickson *La mia voce ti accompagnerà*, troviamo un esempio di sdrammatizzazione che sposta il punto di vista della persona. Nel racconto *Il piacere maligno*, riferendosi a un pene eretto, gagliardo e spaventevole, Erickson afferma: «E la sua vagina può provare il piacere maligno di ridurlo a un misero ciondolino!».
È evidente che la battuta oppure, in altre occasioni, la metafora e il paradosso, funzionano in quel determinato contesto e non come regola generale di comportamento. Vale a dire che il terapeuta non codificherà il suo intervento allo stesso modo ogni qualvolta avrà a che fare con quel problema. Ogni caso è diverso dai precedenti, così come ogni terapeuta è diverso dagli altri. Per essere credibile deve mettersi in rapporto con l'individuo, deve coinvolgersi con esso e allo stesso tempo offrirgli prospettive diverse che, fino a quel momento, lui da solo non è riuscito a trovare. Sarà poi l'individuo, in piena libertà, a scegliere quella che fa per lui. Il terapeuta propone una possibile soluzione: la persona, dopo averla elaborata, la segue oppure la rifiuta. In tal caso, il terapeuta e la persona, insieme, ne troveranno delle altre. La persona spesso, nelle sue elaborazioni mentali in senso convergente, trova nella spirale dei suoi pensieri mille conferme della sua impotenza a risolvere i propri problemi. Anche perché non ha altri parametri se non quello del confronto con se stessa! E se l'idea di sé è debole, insicura e colpevolizzata da preconcetti, il gioco è fatto! Si valuterà, sempre e comunque, come il peggiore imputato, che non merita altro che la condanna! Il terapeuta opera oltre i limiti della persona, anche se emotivamente è coinvolto con essa.
Il pensiero del terapeuta si allarga in tutte le direzioni a trecentosessanta gradi, senza altri limiti se non quelli che regolano la

libertà altrui, riassumibile nella massima evangelica di non fare agli altri quello che non vuoi che sia fatto a te stesso.

Arone di Bertolino, oltre che ridere con la persona, sa ridere di se stesso. Sa ridere del suo modo di fare terapia, che va al di là degli schemi abituali. Per esempio quando dice: «Io ero pazzo fin da piccolo, perciò i pazienti non sono riusciti a farmi diventare più pazzo di così!».

Esaminiamo alcune battute sui tabù sessuali, responsabili di concettualità negative come l'insicurezza, la paura e i sensi di colpa. Un approccio diverso e "serioso" farebbe presa solo sulla parte razionale e critica della persona, viceversa, **la battuta agisce sulla parte emotiva acritica**.

«Un giorno nel mio studio si presentò un uomo affetto da eiaculazione precoce. Io lo feci accomodare dicendo: "Venga pure!"».

Le mamme rappresentano un argomento di battute, in quanto sono ritenute responsabili di concettualità negative e di blocchi mentali, con sensi di colpa che la persona si trascina dietro fino nell'età adulta. Spesso la persona cade nell'equivoco che le impedisce di discriminare tra il volere naturalmente bene alla propria madre e l'essere in disaccordo con lei. Arone di Bertolino a tal proposito fa questo esempio: «Io mi feci crescere la barba. Ne ero fiero! La mia mamma mi disse che se le volevo bene avrei dovuto tagliarmela! Mi disse anche che, se non me la tagliavo, lei ne sarebbe morta dal dolore! Io volevo tanto bene alla mia mamma ma non me la tagliai e lei non ne morì!».

Consideriamo alcune battute sull'argomento "mamma".

"Di mamma ce n'è una sola. Per fortuna, altrimenti non arriveremmo al quarto anno di vita!"

"Nella teoria della reincarnazione parlano di cicli di centottantamila vite. Oddio: centottantamila mamme!"

Preferisco non dilungarmi a lungo sull'argomento "battute", in quanto risultano molto più apprezzabili nel contesto del discorso o dell'induzione.

E per ridimensionare un problema, il paradosso: "Tu dici d'essere ripetente! Se tu sapessi quante volte io con la reincarnazione!". Erickson avrebbe fatto "Tut tut", suonando la trombetta. L'inaspettato fa sempre deragliare i pensieri!

Comunicazioni in sequenza

Le affermazioni verificabili consentono di mettersi in sintonia con una persona; quelle non verificabili permettono di elaborare.

LE COMUNICAZIONI VERIFICABILI

Questo tipo di comunicazione dà credibilità, perché le asserzioni ricalcano quello che la persona sta facendo o che ha già fatto, oppure che potrebbe in qualsiasi momento fare. Facciamo un esempio: "Sei in piedi davanti alla finestra... percepisci il caldo di questa stanza... senti l'odore di fumo che c'è qui dentro... ascolti il suono lieve delle tue inspirazioni ed espirazioni... guardi fuori...". Si possono fare più affermazioni, verificabili da parte della persona, generalmente almeno tre, in modo tale da comprendere tutti e tre i canali sensoriali, il visivo, l'auditivo e il percettivo sensoriale (cioè il tatto, il gusto e l'olfatto), chiamati anche schemi rappresentazionali, in quanto rappresentano la modalità attraverso la quale noi ci mettiamo in comunicazione e rappresentiamo il mondo.

Le transizioni sono dei termini che danno un senso di continuità tra le asserzioni verificabili e quelle non verificabili, senza nesso logico e temporale tra le due. Le transizioni possono essere congiunzioni, avverbi, aggettivi, sostantivi e verbi che stabiliscono una connessione temporale, un nesso di causalità o la conferma di un'aspettativa. Per esempio: "E... oppure... e mentre... perché... e via via che... piano piano... naturalmente... magari... e senza alcuno sforzo... sarebbe bello... andrebbe proprio bene... ti rendi conto che... e puoi... puoi fare... e farai... e ti sentirai...".

LE COMUNICAZIONI NON VERIFICABILI

Erickson lentamente ampliava le possibilità di Donald Lawrence, campione nel lancio del peso. Erickson portava progressivamente ad aumentare, di centimetro in centimetro, la lunghezza dei suoi lanci. Un giorno gli disse: «Ora hai quattro anni di più, Donald. Andrebbe proprio bene che ti prendessi la medaglia d'oro». La prima parte della frase è vera; la seconda parte forse potrebbe essere vera. Sovrapponendole, Erickson le pone sullo stesso piano.

In un altro caso, Erickson stava trattando una donna affetta da cancro. Ricalcando tutte le convinzioni della donna, disse: «Lei è venuta qua perché il suo medico le ha detto di farlo e non capisce come delle semplici parole potrebbero alleviare il dolore che prova. La morfina non aiuta ad alleviare il dolore che prova. Gli interventi chirurgici non aiutano ad alleviare il dolore che prova. E lei pensa che questa sia la cosa più stupida che ha mai sentito. Bene, lasci che le faccia una domanda. Se proprio adesso quella porta si dovesse spalancare... e lei guardando dovesse vedere una grande, enorme, tigre affamata... che si lecca i baffi... e ... che guarda solo lei... quanto dolore pensa che sentirebbe?». Visto che le prime cose dette da Erickson sono vere e reali, in quanto ricalcano cose pensate dalla persona, anche l'ultima affermazione, che è completamente immaginativa, potrebbe essere vera o potrebbe diventarlo. Ora proviamo a completare la frase detta in precedenza come affermazione verificabile. Rifacciamo l'esempio, dapprima con le cose controllabili dalla persona, che ricalcano la sua esperienza reale; poi le colleghiamo mediante una transizione a uno stato mentale che generalmente è orientato verso l'interno.

Si diceva: «Sei in piedi davanti alla finestra... percepisci il caldo di questa stanza... senti l'odore di fumo che c'è qui dentro... ascolti il suono lieve delle tue inspirazioni ed espirazioni... guardi fuori...». **Ora aggiungiamo quello che non c'è ma che potrebbe esserci. Siamo partiti da fatti reali e possiamo arrivare a fatti immaginativi**, dicendo: «Guardi fuori... e... puoi... magari... chiederti come sarebbe bello... lasciando vagare la mente... vedere altre cose... oltre a quelle che vedi... e percepire oltre gli odori che senti... altri odori portati dal vento... odori lontani di spezie... e ascoltare il fruscio della seta d'oriente... e mentre assapori tutto questo ti puoi sentire diverso da quello che sei sempre stato... e in quella diversità che diventa conoscenza e appagamento... dolcemente lasciarti andare... lasciando che le tue vesti, gonfiate dal vento, diventino una vela... che solca l'infinito mare dell'oblio».

Essendo vera e verificabile la prima parte della frase, viene accettata anche la seconda non verificabile, che non è in relazione di tempo e di causa con la prima. La transizione crea questo rapporto.

LA VOCE E LA PAROLA

Per creare rapporto con una persona, uno dei primi ritmi cui ci adeguiamo, cioè che ricalchiamo, è quello della sua respirazione. La cadenza della voce del terapeuta si sintonizza col ritmo del respiro della persona. Le parole entrano in sincronia con la sua inspirazione. È come se si sciogliessero nel suo sangue assieme all'ossigeno, per poi raggiungere il profondo dove sono assimilate, elaborate e consumate. Poi quello che resta fuoriesce all'esterno, assieme all'espirazione, alla ricerca di altre parole. Se io a ogni inspirazione conto un numero, aumenterò il rapporto e approfondirò l'intensità della trance. Il contare in crescendo, per esempio dal numero uno al numero dieci, sulle inspirazioni fornisce alla persona una serie di istruzioni per apprendere e per fare, mentre il contare in decrescendo dà una serie di segnali per ritornare.

Come diceva Erickson: «Per mantenere fissa l'attenzione della persona su di voi, dovete cercare di parlarle come se steste parlando solo a lei. Non dovete mai parlare in un tono di voce troppo basso... La vostra voce andrà solo da voi alla persona che avete davanti e non oltre...».

Nella trance ipnotica, la distinzione tra il terapeuta e il paziente viene abolita. Il soggetto sente la voce che proviene dall'esterno come se provenisse dalla propria testa. La voce del terapeuta diventa la voce interna della persona.

Le variazioni del tono della voce sono dei segnali. Per esempio, per approfondire, il tono della voce sarà più profondo, a volte quasi sussurrato, mentre per porre fine all'induzione, sarà molto simile a quello che si usa comunemente nel linguaggio di tutti i giorni.

Le pause indicate nel testo da tre puntini consecutivi sono lo spazio temporale che intercorre tra una inspirazione e l'altra. Le pause sono necessarie per dare il giusto tempo, per recepire, per elaborare a livello inconscio. Rappresentano il momento per riflettere e per riflettersi.

Le sottolineature per analogia sono delle parole che vengono calcate verbalmente o pronunciate in un certo modo.

Le sottolineature diventano un'ulteriore suggestione indiretta, all'interno della stessa induzione d'ipnosi. Tutti i tipi di parole possono essere usati in questo modo, in quanto non conta tanto quello che si dice, ma come lo si dice. Ricordiamo comunque tutte le transizioni verbali e descrittive, le gratificazioni, per esempio: "Molto bene", "Hai una forte volontà", certe parole che confermano un'aspettativa o un desiderio come: "Goditela ancora di più", "Ti puoi lasciare andare ancora di più" ecc.

Elaborazione delle situazioni

Il terapeuta ricalca con le parole quello che vede, percepisce e ascolta ciò che anche la persona che ha davanti può vedere, ascoltare e sentire.

Rispecchiando la persona che ha davanti, il terapeuta acquista credibilità e il paziente si lascia andare ancora di più, perché c'è un "idem sentire", cioè un percepire allo stesso modo.

La terminologia usata deve essere volutamente vaga, in modo da poter incorporare anche sfumature non immediatamente colte, ma che potrebbero esserci in quel dato momento.

Erickson diceva: «Vedete, io avevo un grandissimo vantaggio sugli altri; avevo avuto la poliomielite ed ero totalmente paralizzato... Come facevo a divertirmi? Cominciai a osservare le persone e l'ambiente. Ben presto imparai che le mie sorelle potevano benissimo dire no quando volevano dire sì. Oppure potevano dire sì e contemporaneamente intendere no... Così cominciai a studiare il linguaggio non verbale e il linguaggio del corpo». Egli aggiungeva: «La comunicazione è una cosa ben complicata. L'espressione del viso, gli occhi, il modo di stare con il corpo, il modo di muovere il corpo e le estremità, il modo di muovere la testa eccetera, il modo di muovere certi singoli muscoli: tutto ciò fornisce moltissime informazioni».

Fin dall'infanzia abbiamo imparato a contraddire la realtà della sofferenza. Erickson riportava il caso di suo figlio Robert che all'età di tre anni, dopo una caduta, si tagliò orribilmente il labbro inferiore. Erickson si chiese come poteva comunicare con quel bambino di tre anni. Si rispose che c'era un solo modo, cioè lo stesso modo con cui avrebbe comunicato con una persona adulta. Dis-

POTENZIARE LE CAPACITÀ PERCETTIVE

Erickson raccontava il caso di Arthur, uno studente che al momento dell'esame sapeva già in anticipo le domande che avrebbe fatto il professore e ovviamente anche le risposte. Chiamato dal preside di facoltà per avere chiarimenti, Arthur spiegò che, nei suoi appunti di lezione, tutte le domande che il professore intendeva fare erano segnate con sette asterischi, perché quelle erano le cose cui il professore dava più importanza. Arthur aveva ascoltato le lezioni e aveva notato la particolare intonazione che il professore aveva dato a quei particolari punti: così aveva individuato le cose che avrebbe chiesto all'esame.

se a Robert: «Fa un male tremendo, proprio terribile, vero?». Poi immediatamente aggiunse: «E continua a far male». E poi disse una cosa ovvia: «E vorresti che smettesse di far male, vero? E forse smetterà tra poco, oppure tra uno o due minuti!». Erickson aveva espresso in parole quelli che erano il desiderio e la speranza di Robert. Quanto durano uno o due minuti per un bambino di tre anni? Potevano durare un istante oppure essere lunghi come ore. Erickson fornì un'altra idea a Robert, un'idea che poteva distrarlo. Gli fece vedere le cose da un punto di vista diverso e gli fece cambiare canale di percezione sensoriale, portandolo dal percettivo sensoriale al visivo. Erickson guardò sul marciapiede e chiese a sua moglie se il sangue di Robert, sparsovi sopra, fosse un sangue buono, forte e rosso. Egli confrontò diverse macchie di sangue sparse sul marciapiede, mentre Robert, che non capiva molto il senso di quella discussione, aveva smesso di piangere. Erickson decise molto seriamente che non si poteva dire com'era veramente il sangue di Robert perché ci voleva qualcosa di diverso. Così disse alla moglie di prendere Robert e portarlo nel bagno, dove avrebbero potuto far gocciolare il sangue rosso nel lavandino bianco. Lì avrebbero potuto vedere se era sangue buono, forte e rosso. Erickson commentò che effettivamente il sangue di Robert era proprio così. Ora si trattava di lavare la ferita ed Erickson continuò a spostare l'attenzione di Robert dalle sue sensazioni di dolore al canale visivo. Infatti, fece notare a Robert che il suo sangue, insieme all'acqua che scorreva, era di un rosa perfettamente buono. Cosicché Robert ebbe il viso lavato e il padre poté arrestare il sangue. Poi Erickson diede a Robert delle notizie terribilmente cattive. Disse a Robert che non era sicuro che il taglio nel suo labbro fosse abbastanza profondo da richiedere tanti punti quanti si vantavano di averne avuti suo fratello Alan e sua sorella Betty-Alice. Quando iniziarono a mettere i punti sulla ferita di Robert, Erickson non gli disse che non avrebbe sentito dolore ma gli disse invece di badare che mettessero i punti e di contarli attentamente, via via che li mettevano. Ma Erickson manifestò al figlio un suo atroce dubbio. Temeva che Robert non avrebbe avuto tanti punti quanti ne poteva contare. Purtroppo, con profondo dispiacere, Robert ottenne solo sette punti e si classificò solo terzo in quella particolare graduatoria, ben lontano da suo fratello Alan e lontanissimo da Betty-Alice, sua sorella.

È necessario assecondare l'esperienza della persona e rispecchiare quello che lei sente. Rispecchiando, si può cambiare qualcosa nel suo modo di vedere o di percepire le cose, magari dirigendo la sua attenzione da qualche altra parte, cambiando il canale sensoriale che in quel momento disturba di più, oppure proponendo delle utili alternative che partono da differenti punti di vista. Sarà poi la persona a scegliere e a prendere in piena libertà quello che in quel momento le può servire.

LA FOBIA DI GUIDARE E LA FERMATA DELL'ANGELO CUSTODE

Francesca aveva cinquantacinque anni. Era separata dal marito da molto tempo. Aveva sofferto per quella separazione; nessuno aveva saputo colmare quel vuoto. Da sola si era trovata a crescere l'unico figlio, che ora aveva ventidue anni. Come ogni madre, era in ansia per lui, per i suoi problemi e per le sue difficoltà a trovare lavoro. Era preoccupata per la propria salute cagionevole e aveva timore di non essere in grado di provvedere al futuro del figlio. Soffriva di diversi problemi fisici. Si era già sottoposta a numerosi interventi chirurgici; il più importante era avvenuto due anni prima, quando le era stata asportata la tiroide. Era già venuta in passato, per la fobia di guidare l'auto, che la limitava moltissimo: doveva, infatti, dipendere dal figlio per recarsi al lavoro. Non eravamo mai riusciti a stabilire quali fossero i motivi che l'avevano portata ad avere quella fobia. Probabilmente le sue tante ansie, le difficoltà economiche e le peripezie della vita l'avevano portata a focalizzare tutto su quella paura. Forse, a livello inconscio, temeva che quel figliolo se ne andasse e la lasciasse di nuovo sola. In quel modo lo teneva legato. Era tornata perché si sentiva molto in ansia: avrebbe dovuto sottoporsi di lì a qualche giorno a un intervento chirurgico al fegato, che comportava l'asportazione di una voluminosa cisti.

Le toccai la cisti, che per le sue dimensioni si sentiva benissimo alla palpazione, e le dissi: «Francesca, mi piacerebbe pensare a una cosa fantastica. Mi piacerebbe immaginare che **quando le toglieranno questa ingombrante cisti... magari le potrebbero rimuovere anche la paura di guidare**».

Francesca era preoccupata per l'intervento e per il suo esito. La sua mente era focalizzata su questo. Le diedi un input paradossale, unendo un fatto fisico come la cisti a un fatto psicologico, che non era in rapporto di tempo e di luogo, come la paura di guidare. Francesca non capiva, era disorientata. Allora le chiesi che cosa stesse pensando in quel momento. Francesca rispose che stava pensando a sua nonna, che l'aveva sempre spronata dandole fiducia e stima. Sua nonna era spirata tra le sue braccia, molti anni prima. In quei giorni era andata a trovarla al cimitero, per chiederle di vegliare su suo figlio.

Le chiesi se sua nonna, in quell'occasione e in qualsiasi modo, le avesse comunicato qualcosa. Lei mi disse che aveva avuto la percezione che sua nonna le sarebbe stata vicino, come lo era sempre stata nei momenti difficili della sua vita. Francesca mi confessò, con un po' di disagio, che sua nonna l'aveva rassicurata: le aveva comunicato di non preoccuparsi, in quanto sarebbe tornata a casa sana e salva da quell'intervento chirurgico. Allora le dissi: «La comprendo perfettamente, perché anch'io avevo una nonna cui volevo molto bene. Era molto dolce e ci capivamo senza parole. **Molto bene... Sua nonna la rendiamo subito operativa e le affidiamo il ruolo di angelo custode! Sua nonna ci va benissimo! E oltre sua nonna? C'è una situazione che le piacerebbe rivivere? No... Va bene... Uno può anche non avere delle situazioni... Sua nonna ci va benissimo! Sua nonna ci va benissimo come angelo custode!**». Le dissi che avremmo fatto qualcosa di diverso rispetto alle volte precedenti. Le avrei raccontato una favola, come quelle che le raccontava la nonna. Favo-

la che l'avrebbe fatta stare bene allo stesso modo e che l'avrebbe fatta sognare. Le dissi che per analogia a quanto avevamo detto a proposito di sua nonna, mi veniva in mente una piacevole coincidenza. La mia fermata dell'autobus, a Bologna, si chiamava "Angelo custode". Quella fermata, nella nostra situazione, ci andava benissimo. La invitai a rievocare, contando il numero uno, l'immagine e la sensazione della presenza di sua nonna, che, in quel frangente, l'avrebbe protetta come un angelo custode. Contammo insieme il due e le ricordai ancora la piacevole coincidenza del nome di quella fermata, che poteva inserirsi tranquillamente in quello strano sogno che stava per iniziare.
Al tre le ricordai, unendo in modo paradossale realtà e fantasia, che la fermata dell'angelo custode era una fermata che sua nonna poteva raggiungere quando voleva, perché quella fermata esisteva veramente...
Al quattro poteva metterci la speranza e tutto quello che si aspettava dal futuro. Magari poteva metterci anche Francesca, che arrivava alla fermata dell'angelo custode guidando un suo autobus dopo essere passata attraverso i lavori in corso sulla strada, necessari per togliere quella fastidiosa cisti.
Al cinque, visto che alla fermata dell'angelo custode arrivavano tante altre linee di autobus, con l'autobus della linea numero cinque poteva farci arrivare anche suo figlio, che aveva ancora tanto bisogno di lei. Le ricordai che suo figlio le voleva un gran bene, infatti era sceso di gran corsa da quell'autobus per abbracciarla e farle comprendere il suo affetto. Dato che mi rendevo conto che quello che dicevo la coinvolgeva, continuai su quella strada. Le dissi che alla fermata dell'angelo custode ci avrei messo tante altre cose. Le chiesi: «Lei ha letto il libro oppure visto il film di Peter Pan. Si ricorda di Campanellino?». Francesca assentì. Allora ripresi: «Campanellino arriva lì con l'autobus numero sei. Ha con sé una polverina magica. Scelga il colore che preferisce per quella polverina.
Campanellino spruzza le sue stelline colorate dappertutto, anche sulla cisti. E tutto scompare come per magia e resta una piacevole sensazione di leggerezza.
Molto bene. Potremmo contare sette. È sempre lei che guida tutti gli autobus. D'altra parte per tanti anni non ha guidato e ora le sta venendo una gran voglia. Lei, alla guida dell'autobus numero sette sta zigzagando nelle stradine strette in modo spericolato, infatti i colleghi la chiamano lo Schumacher della linea numero sette. Lei è contenta di questo, tant'è vero che se la sta ridendo dentro... e fuori.
Potremmo contare ancora. Magari con l'autobus numero otto, ci mettiamo dentro, come passeggeri, tutte le persone che in questo momento lei vorrebbe sentire vicino. Li può vedere attraverso il suo specchietto retrovisore. Magari le parlano e lei li può ascoltare e può percepire fisicamente la loro presenza. Visto che deve rifarsi di tanti viaggi perduti, la vedrei salire anche sulla linea numero

nove. Su questa linea potrebbe fare un'altra operazione a livello inconscio... non a livello cosciente e ragionato. Su quell'autobus numero nove, ci possono essere anche persone che lei non vuole più rivedere, che anche se in passato ci sono state, ora non le interessano più.

Allora le facciamo scendere a un'altra fermata, diversa dalla nostra. Intanto, noi continuiamo il nostro viaggio con l'autobus numero dieci. È forse l'autobus più bello, perché è quello in cui ha caricato definitivamente solo le persone che le piacciono. È un autobus che non si sa bene dove vada. Forse in un posto ancora da costruire... forse ancora da inventare. C'è un sole brillante fuori, che illumina solo le cose che Francesca vuole vedere... Ci possono essere dei colori molto intensi. Un verde speranza... come i prati d'Irlanda... al suono di una cornamusa».

Francesca m'interruppe dicendo: «Bellissimo». E lo disse in un modo così dolce e sereno che mi confermò che era coinvolta da quello che raccontavo.

Quando una persona vede, percepisce, ascolta cose che non esistono nella realtà ma solo nella sua fantasia, ha alterato il suo stato di coscienza ed è quindi in ipnosi.

Continuai: «Molto bene. Ci sono i papaveri, infinite varietà di rose, da quelle blu a quelle rosse. Lei può fermare l'autobus e in questo grande prato farci scendere tutti per raccogliere questi e altri fiori. Potremmo riempirci di questi colori e quando ne siamo sazi potremmo risalire sull'autobus numero dieci e terminare il viaggio... Magari passando prima nel mondo dei cartoon... come nel film *Chi ha incastrato Roger Rabbit?*... per mischiare il mondo reale dell'autobus... con il mondo immaginario dei cartoon, dove i bernoccoli spariscono nella scena successiva senza lasciare alcuna traccia, come se non fossero mai esistiti... e dove tutto finisce sempre bene. D'accordo, Francesca? Ora può aprire gli occhi sapendo, dentro di sé, che il sogno è un'anteprima della realtà. Ogni volta che conterà dal numero uno al numero dieci, lei rivivrà la sua favola, con tutte le cose belle che ha trovato e con altre ancora che la sua mente profonda le proporrà nei giorni a venire, in modo tale che il giorno dell'intervento lo possa affrontare alla guida dei suoi autobus oppure anche solo con l'ultimo dei suoi autobus, che è l'ultimo nel senso del contare ma è il primo di tutta una serie di autobus e di altri anni, che l'aspettano nella sua vita».

Francesca rispose con un "okay" cristallino come il suo sorriso.

Francesca superò brillantemente l'intervento chirurgico e fu dimessa dal reparto anticipatamente. Dopo l'operazione è venuta a trovarmi guidando l'auto, col figlio accanto. Quando le ho chiesto come c'era riuscita, sorridendo mi ha risposto: «Ma non me l'aveva detto lei che togliendomi la cisti mi toglievano anche la paura di guidare?».

È bello credere alle cose in cui si vuole credere. È bello credere alle cose in cui ci fa bene credere.

IL RILASSAMENTO. SUPERARE I PROPRI LIMITI ABITUALI. LA PAURA DELL'AEREO

Andrea era uno studente universitario. Gli ultimi esami li aveva superati con difficoltà, pur avendoli preparati coscienziosamente. Non riusciva a rilassarsi, per cui, al momento dell'esame, aveva difficoltà ad accedere a tutti i dati che aveva immagazzinato. Doveva sostenere un esame importante di lì a breve e aveva paura di non farcela. Non mi rivelò particolari problemi che potessero influenzare il suo comportamento. Però temeva che quella tensione diventasse un blocco, un limite che gli avrebbe impedito di realizzare i suoi progetti per il futuro.
Cominciai: «Molto bene... Guardando l'espressione del tuo viso mi sembra di capire che ti stai chiedendo delle cose, forse ti stai semplicemente chiedendo cosa succederà tra poco... Quello che stiamo facendo oggi può essere utile per conoscerci dentro, per vedere se quello che manifestiamo all'esterno è veramente quello che siamo nel profondo, per cercare, per ritrovare un'armonia, un equilibrio che magari è sempre stato lì a portata di mano...».
In quel momento squillò il telefono. Andrea si infastidì. Risposi e poi tornai da Andrea. Ripresi: «Le cose non importanti, come lo squillo di un telefono, non ci possono distogliere da quello che stiamo facendo... È come sentire una sveglia che suona arrabbiata... rendersi conto che è domenica... girarsi dall'altra parte e continuare a sognare... Molto bene... Vedo che hai capito... A proposito... Come trovi il divano? Lo senti comodo... tanto comodo da poterci sognare sopra? Lo so... il colore rosso... forse è un po' forte per un divano! Ma sai... a me piacciono le cose discrete, quelle che non danno nell'occhio! Ti fa ridere? Bene... Se il divano fosse stato blu... forse era più rilassante... ma il divano deve essere un mezzo per viaggiare... e questo divano è la Ferrari dei divani... Molto bene... Andrea... La senti questa canzone che viene dalla finestra aperta? Se ti concentri bene, puoi anche sentire un ticchettio di passi sul marciapiede... A volte... un qualcosa di reale che proviene dal di fuori... ci serve come punto di partenza per iniziare un viaggio... che possiamo compiere pur restando in questa stanza... Sdraiati su questo divano rosso... abbastanza comodo per poter sognare... Vorrei chiederti di chiudere gli occhi... e di sentire le tue palpebre... che desiderano chiudersi... per poter più intensamente ascoltare la mia voce e le mie parole... per rendere più facile il sogno che stai per fare... Puoi anche tenere gli occhi bene aperti... ma a volte... sforzandoci di fare una cosa, ci stanchiamo... e allora inevitabilmente li chiudiamo... per poter riposare... e riposando lasciare che i nostri sogni ci portino lontano... Andrea... ora ti farò delle domande... Le tue risposte mi saranno estremamente utili... Puoi rispondermi a voce... oppure sollevando la mano... Ti

piace viaggiare? In che luogo ti è piaciuto o ti piacerebbe andare?».
Andrea mi disse che gli piaceva viaggiare e che, se avesse potuto scegliere, sarebbe andato in un'isola tropicale. Per farlo, avrebbe dovuto prendere l'aereo, ma un aereo con a bordo dei suoi amici era precipitato dopo il decollo dall'isola di Cuba. Dopo quell'episodio, aveva sempre evitato di salire sull'aereo.
«Bene... Possiamo, allora, fare un viaggio immaginario, di fantasia... salendo su un aereo speciale... che appartiene alla categoria... di quelli che non si sollevano mai dal suolo... Si sale e quando si prende posto accanto ai finestrini e si guarda fuori... ci si ritrova dove si desidera trovarsi... Cambiando posto... ci si può ritrovare in luoghi diversi... in modo da soddisfare le tante parti di noi che vogliono viaggiare... Perché dobbiamo andare da una parte sola? Possiamo andare prima in una e poi in un'altra... semplicemente cambiando finestrini dai quali guardare... in quel particolare aereo che non solleva mai le sue ali dal suolo... E magari... se vediamo un luogo che ci aggrada... allora possiamo scendere da quella particolare scaletta... e trovarci nel luogo dove vogliamo trovarci... Se amo il mare... potrei ritrovarmi a Tahiti o alle Hawaii... e magari... potrei già scendere da quel particolare aereo... indossando una camicia assurdamente a fiori... di quelle che non metteremmo mai... se non in quel particolare luogo, in quel particolare momento di quella particolare vacanza... Molto bene. Oppure... potrebbe essere... un luogo all'altro capo del mondo... un luogo che ricorda Tahiti o le Hawaii... per quell'idea che mi sono fatto nella mia mente... Magari... un posto dove non c'è nessuno... dove non ci sono canti di benvenuto... dove non ci sono corone di fiori... dove non c'è nulla che possa disturbare la mia quiete... e in quella quiete posso lasciarmi andare ancora di più... lasciando che il mio corpo e la mia mente si rilassino nel lento dondolio del mare... Magari... un luogo dove mi sento libero di urlare al vento tutto quello che voglio... E mentre tutto questo accade... o può accadere per tuo desiderio... puoi unire altre cose ancora... nel mosaico della tua vita... che a volte neppure tu conosci... ma che ti piacerebbe sicuramente conoscere... sapendo che... ti possono dare armonia, quiete e appagamento... E mentre senti le onde che si infrangono sulla riva... bagnando quella sabbia dorata... che sembra mutare colore a seconda della rifrazione dei raggi del sole... puoi lasciarti andare sempre di più... e lasciarti cullare... come foglia che galleggia nella laguna dei tuoi sogni... Ora ti lascio... un po' di silenzio... Usalo, come vuoi, questo particolare silenzio... che puoi riempire... come fosse un contenitore vuoto... con tutto quello che ti serve... o che ti potrà servire negli anni a venire... Ora puoi, di nuovo, sentire le onde... che si infrangono sulla riva... ne ascolti il rumore... con quel desiderio arcano... di spogliarti di tutto e di

tutti... all'estremo apparente limite del mondo... dove il mare si estende all'infinito... Molto bene... Le vedi le onde? Le senti sulla tua pelle? Lo ascolti il rumore... quando s'infrangono sulla riva? ... Bene... Ora potremmo contare... quelle più grandi... quelle che puoi cavalcare col tuo surf... Imparerai, se non sai usarlo... è solo una questione di tempo... Molto bene... Contiamo fino al tre... e al numero tre... avrai trovato quello che cercavi... e forse molto di più ancora... Contiamo uno... Puoi approfittare di questa vacanza... per vedere le cose da punti di vista diversi dagli abituali... oppure... essendo in vacanza... puoi ancora più semplicemente... dimenticare tutto quello che ora non ti serve più... e che forse non ti è mai servito... Molto bene... Ora ci avviciniamo alla fine di questo viaggio... Ora possiamo contare due... e vedere le cose diversamente da come le vedevamo... e oltre i limiti che sentivamo... comprendendo che un limite è come un piccolo ostacolo sulla strada... un sasso che possiamo calciare via per sempre... A volte ci troviamo davanti a un apparente ostacolo... un vulcano altissimo... Proviamo a salire... ma, apparentemente, è assolutamente impossibile... perché le pareti sono scoscese... a picco sul mare... La tua caparbietà ti spinge a insistere per mesi... forse per anni... e poi un bel giorno scopri... guardando col canocchiale... che c'è tanta gente sulla cima... che da lassù ti sorride alla maniera dei giapponesi delle Hawaii... Per forza... dall'altra parte del vulcano c'è un'autostrada che arriva fino in cima! E tu ti sei rotto tutte le unghie delle dita delle mani e dei piedi! Avresti potuto fare un sacco di cose in tutto quel tempo... Ma ora quel tempo è arrivato e contando finalmente il numero tre, insieme a tutti quei giapponesi, puoi farti scattare un sacco di foto e scambiarle con loro e così in un unico viaggio puoi dire di avere visitato il mondo... Ora Andrea apri gli occhi e sorridi, altrimenti la foto viene male!»

Andrea era rilassato e divertito. Facemmo altre sedute successive in cui focalizzai la sua attenzione oltre il limite apparente delle cose. **Tante cose sembrano in un modo e poi invece sono in un altro, basta saper guardare.**

L'IPNOSI NON VERBALE

A margine dell'argomento che riguarda il ricalcare o il rispecchiare tutto quello che in quel preciso momento fa la persona, potremmo parlare dell'induzione non verbale. Facciamo un esempio di induzione che non richieda l'uso della parola. La persona e il terapeuta devono trovarsi necessariamente nella stessa posizione, perché il "rispecchiare" riguarda tutto. Quindi se la persona è in piedi, anche il terapeuta deve esserlo. Possibilmente è preferibile che la persona volti le spalle a un eventuale pubblico, in modo tale da concentrare tutta la sua attenzione sul terapeuta. Il limite di questo tipo di induzione ai fini terapeutici è che deve trovare, per realizzarsi, dei soggetti fortemente motivati e predisposti. Ai fini didattici e dimostrativi potrebbe avere una qualche utilità. D'altra parte, visto che nessuna cosa ha un valore assoluto in un senso o nell'altro, questo tipo di induzione potrebbe essere utile nelle fasi iniziali dell'induzione stessa. Può essere utile per creare rapporto e per rispecchiare, ma poi viene a mancare la successiva fase di elaborazione e di ristrutturazione. In teoria, l'elaborazione e la ristrutturazione potrebbero anche esserci ma, in ogni caso, procederebbero per loro conto e non sarebbero guidate dal terapeuta.

Ritorniamo alla procedura dell'induzione non verbale. Il terapeuta e il paziente sono in piedi l'uno di fronte all'altro. Il primo ripete tutto quello che il secondo fa in quel preciso momento. Se il paziente guarda l'orologio, anche il terapeuta guarda il suo orologio. Se questi non ha l'orologio, si guarda il polso allo stesso modo di come lo ha guardato l'altro. Se la persona compie dei movimenti, il terapeuta compie gli stessi movimenti e respira allo stesso modo e con lo stesso ritmo del paziente. Quest'ultimo viene invitato a focalizzare tutta la sua attenzione sul terapeuta, guardandolo negli occhi, estraniandosi da tutto quello che lo circonda. Qualsiasi movimento degli occhi faccia la persona, il terapeuta lo rispecchia. Se quella guarda in alto, egli guarderà allo stesso modo. Il terapeuta deve sostenere lo sguardo, senza mai abbassare gli occhi. Dopo un certo lasso di tempo, che può variare da caso a caso, subentra una situazione di stanchezza e la persona sbatte le palpebre, non riesce a mettere a fuoco e chiude gli occhi; oppure, sbattendo le palpebre, guarda un qualcosa fuori di sé che non sono più solo gli occhi del terapeuta. A quel punto è pronta per ulteriori suggestioni.

Questo momento dell'induzione non verbale può essere letto da diversi punti di vista. La focalizzazione dell'attenzione della persona sul terapeuta, guardandolo negli occhi, può essere paragonabile all'attenzione tenuta fissa su un oggetto luminoso. In un caso come nell'altro, si tratta di una suggestione espressa in termini di negazione: la persona è invitata a guardare fissa una certa cosa, con l'obbligo di tenere gli occhi bene aperti e di non chiuderli mai, sapendo che prima o poi si stancherà di farlo e quindi, naturalmente, li chiuderà. D'altra parte, qualsiasi cosa faccia andrà comunque bene, poiché, sia che focalizzi all'esterno che all'interno di sé, sarà comunque in uno stato alterato di coscienza e quindi in uno stato di ipnosi. In ogni caso, a un certo punto della seduta, sia che la persona, non riuscendo a mettere a fuoco, decida di guardarsi dentro oppure di guardarsi fuori, il terapeuta, sempre guardandola fissa negli occhi, le può afferrare la mano e, dopo averla tenuta così per un certo tempo, un tempo utile per percepirne il polso e la sudorazione, può procedere ulteriormente. Facciamo un esempio pratico per illustrare meglio il fenomeno.

L'INDUZIONE D'IPNOSI NON VERBALE E IL CASO DELL'ANSIA DI VALERIA

Valeria era una donna di cinquant'anni: sposata, con due figlie, non lavorava. Aveva diversi problemi famigliari, che riguardavano principalmente i rapporti con il marito. Soffriva di vari disturbi legati alla menopausa. Si sentiva insicura e poco considerata e aveva trovato una parziale realizzazione occupandosi della figlia minore, che aveva diversi problemi di salute.

Valeria non amava parlare di sé e dei suoi problemi famigliari e non voleva che qualcuno se ne occupasse: infatti, venne da me solo perché si sentiva molto ansiosa. Parlando con lei, mi resi conto che era prevalentemente cenestesica, cioè rappresentava la sua realtà esteriore e interiore prevalentemente attraverso il canale sensoriale percettivo. Viveva molto intensamente le sue emozioni, le sentiva sulla propria pelle e soffriva, tenendosi il dolore dentro, senza comunicarlo agli altri.

Mi sembrò opportuno portarla su un altro canale sensoriale, perché, a volte, semplicemente cambiando il canale sensoriale con cui una persona rappresenta la propria realtà, è già possibile ottenere un cambiamento, in quanto la persona si valuta da un punto di vista diverso dall'usuale. È come chiedere a qualcuno che soffre: "Di che colore è la tua sofferenza? Potresti darle il colore per te più antipatico e fastidioso. E poi progressivamente cambiarlo fino a farlo diventare il colore per te più gradevole e amato. Di quel colore che ti fa sciogliere in lacrime di gioia, che tutto portano via e nulla lasciano ristagnare".

Avrei potuto farlo attraverso la parola, ma in quell'occasione ritenni di procedere diversamente, perché Valeria mi sembrava una donna molto razionale, che pensava molto, forse troppo. Portandola su uno schema di rappresentazione della realtà diverso da quello abituale, potevo interrompere il suo schema di riferimento, spiazzandola e confondendola quanto bastava, per poi magari procedere diversamente. Le feci la proposta e le spiegai quello che intendevo fare. Mi rispose che potevo decidere e fare tutto ciò che ritenevo opportuno e utile per lei. Ci mettemmo nella stessa posizione: in piedi, uno di fronte all'altra. Io guardavo verso di lei e verso la stanza, lei guardava verso di me e verso la parete completamente bianca che avevo alle mie spalle. In tal modo era costretta a guardare me, visto che non c'era nient'altro che potesse distrarla. Invero, se lei avesse fissato a lungo la parete bianca, avrebbe ugualmente focalizzato la sua attenzione su qualcosa su cui non c'era nulla e sulla quale avrebbe potuto vedere tutto quello che voleva vedere. Le dissi di guardarmi intensamente e di seguire il movimento dei miei occhi; eventualmente, avrei fatto anch'io la stessa cosa seguendo i suoi, qualora lei avesse voluto prendere l'iniziativa. Cominciai a guardarla fissa negli occhi.

Ogni tanto lei li muoveva in senso orizzontale, alla stessa altezza, verso il canto interno dell'occhio. Questo era il tipico movimento degli occhi che stava a significare che era sul canale auditivo interno, cioè che stava ascoltando se stessa oppure si poneva delle domande. Chissà cosa stava pensando. Forse si chiedeva cosa diavolo stava facendo lì, oppure se tutto questo le sarebbe servito a qualcosa. Magari semplicemente si chiedeva: "Cosa cavolo mi farà?". In ogni caso tutte queste immaginarie domande le avrebbero creato un'utile aspettativa, mettendola in uno stato d'animo di attesa.

Quando lei muoveva gli occhi sulla linea orizzontale, andando sul canale auditivo interno, anch'io la seguivo dandole delle immaginarie risposte. In ogni caso ripetevo quello che lei stava facendo, rispettando l'accordo che avevamo fatto di seguirci reciprocamente. Quando lei muoveva il cor po, anche in modo quasi impercettibile, io la rispecchiavo. Lei deglutì, anch'io lo feci. Lei tossì, io feci lo stesso suo movimento, senza però emettere suoni. Lei mi fissò negli occhi. Io sorrisi per sdrammatizzare quel momento, come se fosse un equivalente verbale del "molto bene". Lei rispose con un uguale sorriso e allora io alzai il mio sguardo verso l'alto, al di sopra della linea della sua fronte, andando sul canale visivo. Provavo a riprendere il controllo del gioco: lei mi seguì. Restammo così a lungo, nel silenzio totale, interrotto solo dal ritmo dei nostri respiri, che andavano all'unisono, come in un sol corpo. Poi a un tratto lei, sbattendo le palpebre, abbassò lo sguardo, fissando apparentemente i miei occhi. In realtà il suo sguardo era vago, fissava tutto e niente allo stesso tempo. Io, sempre guardandola, mi avvicinai a lei con un lento movimento, senza fare rumore. Allungai lentamente la mia mano destra verso la sua mano sinistra e le afferrai leggermente il polso. Potevo percepire il ritmo del suo corpo attraverso i battiti del polso, la temperatura della sua pelle, la lieve sudorazione e i leggeri tremiti delle sue dita. Percepivo il suo rilassamento attraverso il battito del suo polso, che rallentava assieme al suo respiro. A quel punto, sempre tenendo in modo leggero il suo polso, cominciai a sollevarlo lentamente, lentamente, con movimenti senza tempo. In certi tratti di quel percorso lei rallentava l'ascesa della sua mano e del suo braccio; allora anch'io mi fermavo e le davo tempo. Poi sembrava fosse lei stessa a chiedermi di sollevarlo; allora io riprendevo con movimenti lentissimi, quasi impercettibili. Alla fine fu lei a prendere l'iniziativa, fino a portarlo completamente in alto, al di sopra della sua testa, indicando un punto immaginario del cielo al di sopra della stanza. E il braccio restò là, senza peso, come sorretto da invisibili palloncini. Lei lo guardò stupita e lo lasciò lassù a sognare per conto suo. Anch'io lo guardavo allo stesso modo. Poi mi ripresi da quella strana trance che ci avvolgeva entrambi e recuperai il controllo dell'induzione. Lei aveva sviluppato un forte rilassamento e un'evidente fenomenologia della trance: aveva fatto molto di più di quanto mi aspettassi e ora dovevo portarla a perseguire gli scopi che si era prefissa con quell'induzione. Le sfiorai, con entrambi i palmi delle mani, le orecchie, le tempie, la fronte e poi giù, verso gli occhi, fino a chiuderle lentissimamente le palpebre. A quel punto poteva elaborare le sue sensazioni, ritornando di nuovo allo schema di riferimento sensoriale da cui era partita. Le afferrai le spalle, imprimendole un leggero movimento nella mia direzione e poi all'indietro. Poi anch'io cominciai a dondolare con lei, come fossimo cullati dalle onde. Poi la lasciai: dondolava da sola, come su un'invisibile barca. Mentre lei dondolava, lentamente le abbassai il braccio sinistro, ancora alzato come se fosse stato il pennone di una nave. Non oppose alcuna resistenza a quel movimento, come se tutto facesse parte di un naturale percorso. In quel momento decisi di ricalcare tutto quello che stava avvenendo attraverso la voce e passai all'ipnosi verbale, per riprendere il controllo di quello che stava succedendo e per far elaborare a Valeria le cose nella direzione voluta.

«Molto bene... Valeria... Lasciati ancora dondolare... se lo vuoi... per tutto il tempo che vuoi... perché questo è il tuo tempo... E dondolando... puoi lasciarti andare... ancora di più... E lentamente... ti rendi conto che... forse esiste un'altra dimensione del tempo... in cui... le cose si svolgono... con dei ritmi diversi... E ti rendi piacevolmente conto che... anche il tuo corpo può imparare... tante cose che già sapevi... ma... che non ti rendevi conto di sapere... Molto bene... E puoi sentire... il vento dell'est come nella poesia di Shelley... che muove i fiordalisi... come fossero onde... in un mare d'erba verde... E andare lontano... lontano da tutto... e da niente... per poi ritornare... sazia di tanto sapere... E... la mia voce... che parla... con i ritmi del tuo corpo... e del tuo respiro... giunge a te... interrotta da quelle pause... da attimi di silenzio... che ti servono... per ritrovarti... e per ritrovare cose... apparentemente perdute... ma che... se sai aspettare... il mare riporta a riva... E magari... le trovi cambiate... lavate... dal blu del mare... luminose come stelle... ma... non era forse quello che tu volevi? E puoi... andare... facendo a gara con le onde... che s'infrangono sulla riva... spezzando le catene... che ti trattenevano... nella calma stantia del porto... E solcare le onde... alla ricerca di quelle più alte, per andare ancora più lontano senza tema di tempeste... che tutto portano via... anche i pensieri... Molto bene... navigatore solitario... ora possiamo tornare al porto... Forse è un altro porto... forse è lo stesso di prima... ma ora tutto è cambiato... perché c'è qualcuno che ti aspetta... e che ti prende per mano... Molto bene... Valeria... chiamata... anche... nelle leggende del mare... che raccontano i vecchi marinai nelle fumose... come nebbie... osterie dei porti... con lo stesso nome di Ulisse...»

A quel punto, mi avvicinai a Valeria; interruppi il suo lento dondolio, le presi la mano,

la feci sedere sulla poltrona e ripresi: «Molto bene... Ulisse... lo sa... che lei assomiglia, come due gocce d'acqua, a una certa Valeria... dispersa in mare tanto tempo fa... ancora ai tempi in cui si bruciavano le mogli sulle pire, quando morivano i mariti? La informo ufficialmente che ora non si fa più!».
Lei aprì gli occhi e squadrandomi da capo a piedi mi disse: «Ma io non voglio che mio marito muoia, io gli voglio bene!». «Bene, allora» dissi io «dia una controllata al suo sesso perché non si capisce bene se lei è Valeria oppure Ulisse e poi vada di là, dove suo marito l'aspetta, e glielo dica forte in faccia!»

ISTRUZIONI APERTE DATE COME POSSIBILITÀ

Le istruzioni che vengono date sono aperte, nel senso che includono una vasta gamma di possibilità che la persona può accettare oppure rifiutare. Ce ne rendiamo conto osservando le sue reazioni. Le istruzioni aperte si esprimono non solo attraverso l'impostazione che deve avere la seduta, ma anche attraverso un particolare linguaggio. Per esempio l'uso del termine "può" fa risaltare le continue possibilità di scelta che la persona possiede. Se l'induzione d'ipnosi fosse fatta in un modo autoritario, si esprimerebbe attraverso ordini e percorsi obbligati. L'imposizione autoritaria può creare altrettanta sofferenza psichica di quella che apparentemente risolve. Qualora anche funzionasse, in soggetti predisposti, creerebbe dipendenza e non darebbe luogo ai processi fondamentali dell'ipnosi: la valutazione in piena libertà e l'elaborazione di alternative, che portano a un graduale processo di cambiamento, secondo il proprio personale modo di vedere le cose.
Riportiamo il caso di Walter, un ex fumatore molto particolare.

VOGLIA DI SMETTERE DI FUMARE. IL SEGRETO DI WALTER

Walter fumava quaranta sigarette al giorno, e gli piaceva farlo. Walter però doveva smettere di fumare, poiché l'otorinolaringoiatra gli aveva diagnosticato dei polipi sulle corde vocali, che avrebbero potuto nel tempo degenerare in tumore. Aveva provato a calare la quantità delle sigarette, ma non c'era riuscito. Si era sottoposto a un'ipnosi di tipo autoritario, per smettere in modo definitivo. La cosa aveva funzionato, o perlomeno così sembrava. Walter da tre mesi non fumava più, ma non si sentiva felice. Era teso e irritabile, anche se riusciva a controllarsi. Sperava che con il tempo le cose si sarebbero sistemate. Era disposto ad aspettare. Ma un giorno si accorse di avere un problema. Walter lavorava nelle ferrovie. Durante il turno di notte, aveva festeggiato, insieme ad altri, la partenza di un collega che andava in pensione. Lui di quella notte non ricordava nulla. Ma i suoi colleghi gli riferirono delle cose che lui non capiva, ma che lo preoccupavano. Gli dissero che, a un certo punto della notte, lui aveva chiesto una sigaretta. Se l'era accesa tremando e se l'era fumata. Ma non aveva neppure finito la prima, che subito se n'era fatta dare una seconda, che aveva fumato con lo stesso accanimento. E così aveva continuato per gran parte della notte. Stando ai colleghi, lui ne aveva fumate una trentina nel giro di un paio d'ore, accendendo sigarette in continuazione. Il suo accanimento era così forte che a un certo punto decisero di rifiutargliele. Lui era andato su tutte le furie. Aveva imprecato, offeso, picchiato. Di tutto questo, non ricordava assolutamente nulla. Walter non era astemio. In quella notte, aveva assunto del vino in quantità moderata. Quello che era successo non era mai accaduto prima d'allora. Cercava una spiegazione. Era molto preoccupato. Anch'io lo ero. Non era naturale quello che era successo. L'ipotesi più probabile era che l'ipnosi autoritaria, cui si era sottoposto, avesse creato un blocco dentro di lui, contro la sua volontà, che il suo inconscio non aveva accettato.

Walter appariva nervoso, preoccupato, sofferente. Gli chiesi se desiderava ancora fumare. A malincuore, mi rispose di sì. Gli dissi quello che pensavo della situazione che si era creata. Gli prospettai una soluzione che forse avrebbe posto fine a quel conflitto tra quello che doveva e quello che gli piaceva fare. Lui accettò con entusiasmo. La sua reazione confermò che eravamo sulla strada giusta. Gli dissi, con aria di complicità, che quel cambiamento che avevamo in mente doveva festeggiarlo con una vacanza. Gli chiesi dove gli sarebbe piaciuto andare. Mi rispose che sarebbe volentieri tornato a Cuba. Lo feci accomodare sul divano: «Bene... Walter. Credo che un viaggio vero ti farebbe bene. Un viaggio, a volte, può facilitare e significare l'inizio di un mutamento della nostra vita. Oggi, però, faremo un viaggio immaginario... un qualcosa di diverso, che sia nell'ordine naturale delle cose... A volte pensiamo di poterci imporre comunque qualcosa, senza considerare quello che sentiamo dentro... Può darsi che tante ottime ragioni non abbiano convinto il nostro profondo... e allora puoi fare un bel respiro per raggiungerlo e per conoscerlo... E in questo viaggio, puoi avviare dei profondi cambiamenti... in sintonia con i tuoi desideri... La nostra salute è importante... ricordi quel messaggio alla televisione che dice... "preferisco vivere"... d'altra parte, perché non cercare di conciliare il nostro desiderio di vita con il nostro desiderio di piccoli piaceri quotidiani? ... Non so se questo sarà possibile... lasceremo giudicare all'otorinolaringoiatra, nei successivi controlli che ti farà, la fattibilità di questo progetto... A volte confondiamo le cose... a volte confondiamo la quantità con la qualità del piacere... io non credo che sia necessario, se mi piace la pastasciutta, mangiarne fino a scoppiare... Credo che sia molto più piacevole cucinare la qualità migliore, prepararla con amore e poi servirla fumante in tavola, gustando boccone per boccone, assaporandola in bocca... Nella vita sono le piccole gioie che contano... C'era un signore che un giorno all'improvviso ebbe un blocco renale acuto. Non riusciva più a urinare. Gli era stata già prospettata l'eventualità della dialisi. Fortunatamente, dopo alcuni giorni il problema si risolse. Ricordo ancora quando mi disse: "Dottore, lei non può immaginare la felicità che ho avuto quando ho ripreso a urinare. Non ricordo un piacere così grande in tutta la mia vita! E da quella volta, ogni volta che urino mi sento terribilmente felice". Bene, Walter. Io vorrei che tu ascoltassi la tua mente profonda... Io credo che voglia dirti... io non mi faccio condizionare da nessuno: se voglio fumare, fumerò... quella sigaretta che mi piace... dopo il caffè del mattino... e poi io mi terrò la voglia fino all'ora di pranzo... e poi dopo mangiato... mi prenderò un'ora di vacanza, staccherò il telefono, metterò una musica cubana, mi stenderò sulla poltrona, appoggerò i piedi sul tavolino... e dopo essermela rigirata tra le mani, me la guarderò a lungo... e poi lentamente accenderò il fiammifero e accenderò la mia sigaretta... e lascerò il fiammifero acceso, fin quando ne percepirò il calore sulle dita... e mi gusterò la mia sigaretta, come fosse un sigaro cubano... con uno splendido sorriso sulle labbra... alla faccia di chi ha voluto intromettersi nella mia vita per dirmi quello che devo o che non devo fare... perché io so cosa fare, io so come fare... Se lo avessi saputo prima, avrei fatto così da molto tempo... E quando tornerò dall'otorinolaringoiatra e mi troverà migliorato... sorriderò ancora... perché ho il mio segreto... Nessuno saprà di questa piacevole vacanza... che io mi prenderò per due volte o forse per tre volte al giorno... Magari, alla sera dopo cena... ma solo se ne avrò veramente una gran voglia... Molto bene... Ora potrai fare tre respiri profondi... e a ogni respiro ti godrai piacevolmente questa nuova consapevolezza... Ora puoi contare uno, due, tre... e puoi renderti conto che è terribilmente bello tenersi dentro i propri segreti... Ora sei infinitamente orgoglioso di aver risolto tutto senza alcuna sofferenza... Ora non vedi l'ora di affrontare tutti e di ridere alle loro spalle...».

Sono passati dieci anni da allora e Walter continua a fumare tre sigarette al giorno. L'otorinolaringoiatra non ha ritenuto di fare alcun intervento chirurgico, in quanto non vi è stato peggioramento della malattia e Walter continua ad avere il suo piacevole segreto.

Emozioni e realtà

L'inconscio non è in rapporto diretto con la realtà ma con una propria rappresentazione di questa, totalmente individuale e personale.

Per l'inconscio la rappresentazione della realtà avviene attraverso i canali sensoriali: quello visivo, quello auditivo e quello percettivo sensoriale. Il percettivo sensoriale comprende il tatto, il gusto e l'olfatto.
Nell'ambito della comunicazione ci mettiamo in rapporto con la realtà usando prevalentemente uno o l'altro schema di rappresentazione. Tale decodificazione varia da persona a persona, ma anche nello stesso individuo. Nell'ambito di oggetti o situazioni differenti, la stessa persona può usare canali diversi per rappresentare la realtà. Per esempio, comprando un paio di scarpe potrebbe dare più importanza all'aspetto percettivo sensoriale (in altre parole, le scarpe dovrebbero essere comode e leggere come un guanto), mentre, comprando un'auto, potrebbe dare più importanza all'aspetto visivo (la carrozzeria bella lucida, con le cromature luccicanti al sole). Una comunicazione globale tra il terapeuta e la persona dovrebbe comprendere tutti e tre i sistemi di rappresentazione della realtà e permettere passaggi dall'uno all'altro.
Per instaurare il rapporto, il terapeuta ricalca i messaggi verbali e non verbali dell'individuo. Se una persona, nel descrivere le sue vacanze estive, cita il colore della sabbia dorata, del mare blu con chiazze di verde intenso, della schiuma delle onde che s'infrangono sulla riva, è evidente che il terapeuta, per essere in sintonia con lei, deve elaborare gli elementi e le situazioni, secondo lo schema di rappresentazione della realtà che gli è stato proposto. In questo caso

dovrà prediligere un linguaggio visivo, per entrare in contatto e mantenere la comunicazione. Se il terapeuta decidesse d'imporre un linguaggio percettivo sensoriale, creerebbe fastidio e la persona si sentirebbe non capita nella sua comunicazione.

Esiste un linguaggio per ogni tipo di canale con cui rappresentiamo la realtà. Esiste un linguaggio visivo, attraverso gli elementi descrittivi usati e anche attraverso l'uso di parole che richiamano direttamente quello e non altri canali sensoriali: per esempio, i termini: "vedi", "guarda", "occhi", "immagine", "monitor", "schermo", "film", "quadro", "colore" ecc.

Esiste un linguaggio percettivo sensoriale che, oltre al modo di descrivere i fatti, utilizza parole che richiamano direttamente delle sensazioni. Per esempio i termini: "senti", "provi", "percepisci", "assapori", "comodo", "dolce", "odore", "gusto" ecc.

È chiaro che nulla è così assoluto, in quan to qualsiasi parola, accompagnata da altre, può introdurre uno schema di rappresentazione diverso. Sono molto avvincenti le frasi che hanno un po' dell'uno e un po' dell'altro, come nel linguaggio poetico la frase: "Ascolta... si fa sera".

Quanto detto finora vale anche per il canale auditivo. Per esempio, termini quali: "ascoltare", "udire", "suono", "fruscio", "rumore", "musica" ecc.

In realtà, quello che sembra vero non sempre lo è, in quanto l'elaborazione dei dati è molto personale. Se un pesante quadro si stacca dalla parete e cade in testa a qual-

cuno, quel qualcuno assocerà sempre la parola "quadro" a una dolorosa sensazione e non a un'immagine. Allo stesso modo, una musica può evocare immagini e sensazioni. Il discorso può allargarsi all'infinito. Nel linguaggio inconscio immagini, sensazioni e suoni si mischiano tra loro, si accavallano e si alimentano in modo analogico, dando luogo a una comunicazione che in apparenza è difficilmente decifrabile.
Ricordo il caso di Isabella.

FRAMMENTI DI SOLITUDINE

Isabella aveva solo trent'anni. Da due anni non c'era apparentemente nulla che potesse fornirle delle motivazioni per vivere. Lei non diceva una parola. Riusciva anche a piangere in silenzio. Se cercavo di rispecchiarla fisicamente, si irrigidiva sempre più, poi, con furia, afferrava la borsetta e usciva dalla stanza sbattendo la porta. Se fosse dipeso da lei, non sarebbe mai più tornata. Erano i famigliari a trascinarla fisicamente lì. Seduta davanti a me, Isabella tormentava tra le mani le chiavi di casa, girandole da ogni parte possibile. Raramente alzava lo sguardo nella mia direzione; il più delle volte lo teneva abbassato fissando le chiavi che aveva in mano. Quando alzava lo sguardo non mi guardava, ma era persa nei suoi pensieri, di cui io non conoscevo nulla. Per un mese comunicammo così, senza parole, finché un giorno cominciai a parlare. Per sei mesi parlai solo io. Parlai di me e della mia vita, perché non sapevo cos'altro dire. Mi muovevo su e giù per la stanza, cercando di comunicare con la voce e con il corpo. Isabella, appena sfuggiva al controllo dei famigliari, andava su un piccolo ponte pedonale sopra la ferrovia, dove stava immobile per ore a guardare verso il basso. Un giorno, chiamato dai famigliari, ci andai. Mi fermai all'imboccatura del ponte. Non mi avvicinai perché lei non gradiva il contatto fisico; infatti, quando mi muovevo nello studio parlando di continuo, dovevo compiere delle ampie giravolte per non avvicinarmi a dove era seduta. Quel giorno, sul ponte, mi guardò con la coda dell'occhio e poi continuò a fissare le rotaie. A un certo punto mi sedetti vicino all'imboccatura del ponte e cominciai a parlare. Isabella era insofferente. Passò molto tempo. Poi si mosse. Per tornare a casa doveva per forza passarmi vicino. Tenendo gli occhi bassi, mi fece un ghigno e mi disse: «Insisti... eh!». Da quel giorno iniziò il nostro rapporto verbale.
Progressivamente cominciò a dire delle cose. Alcune avevano un senso, quando però cercavo di approfondirle, lei si chiudeva in un mutismo assoluto e anche il suo corpo si chiudeva allo stesso modo. Altre volte buttava lì delle parole, come se si aspettasse che io potessi indovinare qualcosa. Io provavo a interpretarle, ma non ci riuscivo quasi mai. In tali occasioni Isabella assumeva un'aria di sufficienza, di delusione

oppure di estrema scocciatura. C'erano dei frammenti che non riuscivo a unire.

Trascrivevo le sue parole e le mettevo vicine cercando di dare loro un senso. Le avevo su un grande foglio bianco dove c'era scritto «Maledetto», «Non rompere, scemo!», «Ha avuto un incidente? Io ho solo lui...», «Faccio schifo...», «Mi sento colpevole, insopportabile...», «Una che amo e una che odio...», «Inferno...», «Sono fallita in partenza...», «Sono morta...», «Io esisto purtroppo...», «Domani è un altro giorno, ma io sarò sempre la stessa...».

Qualcosa intuivo: lo scemo, il maledetto che la tormentava con le domande potevo essere io. Il padre era morto in un incidente stradale. Ma il resto? Perché quel senso di schifo per se stessa? Cos'era successo nella sua vita per renderla così? Un giorno le chiesi se poteva dirmi tutto quello che le veniva in mente in dieci secondi. Lo fece. Mi disse: «Rosso... le mani addosso... che schifo... parti intime... odore del sangue... perché mio padre... la persona che ho amato di più...». Isabella teneva gli occhi più bassi del solito. L'interpretazione che ebbi nell'immediato, fu che avesse subito violenza dal proprio padre. Allora, usando il linguaggio dell'induzione d'ipnosi le dissi: «La chiudiamo questa scatola... La facciamo a brandelli e la disperdiamo nel vento... oppure... Olocausto... È giusto non dimenticare, affinché non succeda mai più...».

Dopo quella seduta il rapporto si fece difficile. Volle indietro i fogli su cui avevo scritto le sue parole e appena li ebbe in mano, li strappò. Avrebbe potuto andare bene quel gesto, se avesse significato che rompeva con il suo passato... Ma non era così! Si richiuse in un mutismo assoluto per tre lunghi mesi. E io continuai a parlarle della mia vita. La differenza, rispetto all'inizio, fu che dimostrava maggior partecipazione per quello che dicevo. Progressivamente, notai che anche il suo modo di vestire era leggermente cambiato. Erano piccole ma importanti sfumature.

In quel periodo, io non le feci mai una vera induzione di ipnosi, anche se nella sostanza lo era per il tipo di linguaggio usato, per il modo di dire le cose, per le pause che inserivo tra le parole, per il ricalco che facevo su di lei e sul suo respiro. Isabella rimaneva quasi sempre sul canale percettivo sensoriale e quando io, per mettermi in rapporto con lei, andavo sullo stesso canale, notavo un deciso peggioramento delle sue condizioni, come se ricalcare le sue sensazioni mettesse in moto tutta una serie di cose, che poi lei non riusciva a gestire. D'altra parte, il suo aprirsi ogni tanto, per poi richiudersi a riccio ritornando apparentemente indietro, rendeva tutto più difficile. Ed era per questi motivi che con lei usavo prevalentemente il canale visivo. Il fatto stesso di girare tutta la stanza in su e giù, come fosse una stazione ferroviaria, ne era un aspetto. Anche il canale auditivo le piaceva. Un giorno arrivò con un bigliettino su cui c'era scritto: «Parlami, parlami piano».

L'OCCHIO INTERNO

Nell'induzione d'ipnosi, e nella comunicazione in generale, può essere utile comprendere quale canale sensoriale una persona stia usando in quel momento, specie quando la comunicazione si svolge senza l'uso della parola.

Attraverso gli accessi oculari, possiamo capire quale canale sensoriale la persona sta usando nella elaborazione dei suoi pensieri non ancora espressi o se mentre li esprime a parole in un modo, li percepisce dentro di sé in un altro. I segnali d'accesso oculari sono il visivo interno ed esterno, l'auditivo interno ed esterno, il percettivo sensoriale interno ed esterno. Il visivo si manifesta attraverso il movimento degli occhi verso l'alto. Il visivo interno verso il canto interno degli occhi, il visivo esterno verso l'esterno. Rappresentano rispettivamente l'immaginazione e il modo di raffigurare la realtà. Il canale auditivo si esprime attraverso un movimento in senso orizzontale, sulla linea degli occhi. L'auditivo interno verso il canto interno, l'auditivo esterno nella direzione opposta. Rappresentano rispettivamente il pensiero e l'ascolto. Il percettivo sensoriale si manifesta attraverso il movimento degli occhi, verso il basso. Il percettivo sensoriale interno, verso il canto interno dell'occhio, rappresenta come ci si percepisce dentro. Il percettivo sensoriale esterno, verso l'esterno, sta a significare che si stanno raccogliendo ed elaborando le sensazioni che provengono dal di fuori.

Al quarto mese ricominciò a parlare, ma parlava di se stessa come se parlasse di un'altra persona. Fu solo dopo un anno che mi spiegò il vero significato della frase che mi aveva detto in quei dieci secondi, tanto tempo prima. Mi disse: «Sei un cretino, troppo sicuro di te! Io non sono poi così complessa! Mio padre non mi ha violentato! Come te lo devo dire? Io a mio padre volevo bene! È l'unico che mi abbia mai amato senza chiedermi niente!». Isabella aveva ragione: lei non stava facendo un ragionamento, ma stava comunicando in modo inconscio. Aveva fatto un'associazione analogica: partendo dal rosso, era arrivata al contatto fisico che la infastidiva e poi al sangue, al suo odore e poi aveva pensato all'analogia con il cuore di suo padre, sangue del suo sangue, che batteva per lei come il suo per lui e che, in un qualche modo, la proteggeva dal male. Da quella volta imparai a non essere mai più sicuro dei miei ragionamenti. Non sempre le cose ovvie sono le più vere.

PERCHÉ COMBATTERE CONTRO UN'EMOZIONE?

Ognuno di noi cerca di vivere al meglio la propria vita. Spesso questa ricerca è una chimera. A volte cerchiamo noi stessi andando lontano, per poi magari scoprire che l'isola non trovata è dentro di noi. Ricordo il caso di Franz.

Franz era un uomo di quarant'anni, restio al dialogo aperto. Venne per un problema emotivo che, in realtà, era il meno disturbante rispetto ad altri, che rivelò gradualmente nel corso della terapia.

Franz era titolare di una piccola industria. Accusava un fastidioso rossore al viso, con ipersudorazione e tremori alle mani, che si scatenava in diverse situazioni di rapporto con gli altri, senza una causa apparente. Questo problema gli creava un senso d'insicurezza e la costante paura che i suoi interlocutori notassero i suoi sintomi. Quando i disturbi erano iniziati, aveva cominciato ad assumere tranquillanti, prima solo per determinati incontri di lavoro, poi gradualmente era arrivato a farne un uso continuo, per sentirsi capace di affrontare le situazioni non programmabili. Il problema più fastidioso e preoccupante, secondo Franz, era l'arrossire, perché le mani le poteva sempre nascondere.

Gli dissi che il rossore vuole esprimere solo un'emozione. Perché celarla? Tutto quello che fluisce verso l'esterno può avere un significato liberatorio. Forse la strada migliore è quella di lasciarla trasparire e di descriverla a chi ci guarda, come il fatto che è bello avere un'emozione, e che proprio chi ci guarda l'ha ispirata. Però, il mio interlocutore potrebbe fraintendere. Potrei dire che le emozioni, come il riso, il pianto, l'arrossire sono, insieme all'amore, le uniche cose che fanno la differenza tra gli uomini e le macchine. **In ogni caso se comunico la mia emozione, sdrammatizzo la situazione e la supero.** La soluzione è talmente semplice, eppure è quella che non attuiamo mai. Quello che facciamo sempre è complicarci le cose. Cominciamo a domandarci il perché del rossore. **Basta cercare, e motivi ne troviamo tanti.** Ragionando sulle possibili cause, ci mettiamo in ansia. Cominciamo a pensare a quando ci ritornerà, al fatto che forse non ci andrà più via, a quello che penseranno gli altri. Se l'ansia aumenta, può diventare paura.

La paura di per sé è un fatto normale, è una difesa che alla fine ci fornisce tutte quelle

L'AUTOIPNOSI

In ipnosi abbiamo una consapevolezza speciale, caratterizzata da una particolare recettività alle idee che ci sono proposte. Una persona accetta un'idea perché quell'idea le piace e perché ritiene che quell'idea le possa fornire delle utili alternative o delle possibili soluzioni al suo problema: è solo questo il motivo per cui le dedica la sua attenzione ed è disposta a lasciarsi andare, coinvolgendosi alle parole del terapeuta.

L'idea che il terapeuta fornisce viene elaborata dalla persona in modo attivo. L'idea proposta è una strada non obbligata, dalla quale si dipartono infinite diramazioni, che la persona può seguire o non seguire, inventandone altre, in un'infinita gamma di possibilità. Anche il paesaggio intorno può mutare e gli elementi descritti dal terapeuta possono essere ampliati oppure rimossi dalla scena.

Il terapeuta è lo sceneggiatore e la comparsa; la persona che si rivolge a lui è il regista e l'attore protagonista.

In ipnosi c'è sempre una grande sensazione di libertà, perché siamo al di sopra dei nostri condizionamenti razionali. Per ottenere l'autoipnosi possiamo usare gli stessi procedimenti adoperati per l'induzione d'ipnosi. Possiamo ricalcare la realtà che ci circonda e poi, gradatamente, arrivare alla nostra realtà interiore. Partiamo dal reale per arrivare all'immaginifico. È un processo di **apprendimento** e di conoscenza che allarga le nostre potenzialità inespresse. È una tela bianca che possiamo riempire di colori, di suoni e di impressioni. Possiamo partire dal canale visivo, facendo delle asserzioni che possiamo verificare in qualunque momento, e poi passare a qualcosa di immaginifico, legato a quello che è già successo oppure che potrà succedere. Possiamo fare la stessa cosa sul canale percettivo sensoriale e poi sull'auditivo. Occupando tutti i canali sensoriali, creiamo una situazione di sovraccarico sensoriale che prende tutto il nostro essere.

Possiamo guardarci dal di dentro come fossimo in un film. **È una cosa che tutti sappiamo fare, solo che spesso non ci rendiamo conto di poter fare**.

cautele che c'impediscono di farci male. Ma quando diventa ricordo di quello che ci è già successo, e premonizione di quello che per forza ci dovrà accadere ancora, allora la paura diventa un blocco, diventa panico. Da lì a convincerci che non siamo adeguati e che non siamo, e non saremo mai, in grado di "fare", il passo è davvero breve. Cominciamo a sentirci diversi e inferiori agli altri, e quindi trasferiamo su di loro il giudizio negativo che abbiamo espresso su noi stessi, come se gli altri ci valutassero e ci giudicassero secondo quello che stiamo pensando noi. Il risultato finale sarà che il rossore, dovuto all'emozione di un momento, diventerà un semaforo rosso perennemente acceso. Ecco che ci siamo costruiti un problema.

Accettare un nostro disturbo è già un buon modo per risolverlo. La non accettazione implica una perenne discussione con noi stessi, e un fornire nuovi elementi di pensiero per strutturarci un problema.

Però non possiamo fermarci qui. Dobbiamo fare qualcosa di più. Abbiamo detto che comunicando la nostra emozione possiamo diminuire il problema. Ma non basta ancora. Se un problema è nato nella nostra parte emotiva, sarà là che dovremmo cercare le soluzioni. Ma come fare per parlare alla parte emotiva, senza lo schermo della nostra razionalità? Si tratta di recuperare lo stesso linguaggio che la nostra parte emotiva usa per esprimersi. Il recupero di quel linguaggio è l'ipnosi.

Vedevo che Franz perdeva attenzione e stava elaborando per conto suo. Ripresi: «Bene, Franz! Potrebbe focalizzare la sua attenzione su di lei: per esempio, sulla sua pelle dove si evidenzia il rossore. L'inizio richiede un piccolo sforzo immaginativo, che io posso guidare. Il rossore è determinato da una vasodilatazione superficiale. In altre parole, arriva troppo sangue, o troppo sangue ristagna in quel luogo. Potrebbe concentrarsi su quella parte di pelle e valutare i modi per ridurre l'afflusso di sangue. Potrebbe immaginare che quella zona della pelle percorsa dai canali del sangue è simile a un campo irrorato da tanti canali. Potrebbe attivare delle immaginarie chiuse a monte, e cominciare a chiuderle. Potrebbe aprire tutte le chiuse a valle in modo che il deflusso sia rapido come un torrente a primavera. Per me questo potrebbe bastare, ma forse non per lei. E allora ricercherà altre strade. Se a livello interiore riesce a immaginare e a costruirsi le cose negative più inimmaginabili, perché non riuscirci con le cose immaginabili positive? Se lei ritiene che quell'immaginazione non sia adeguata, si sentirà comunque stimolato a cercarne altre. Potrebbe anche ricorrere a un'esperienza che ha già provato nella sua vita, e che fa parte del suo bagaglio di ricordi. Per esempio: il freddo che le raffredda la pelle e toglie il calore che accompagna il rossore; oppure l'acqua che, scorrendo, tutto porta via, anche le ostruzioni della nostra mente profonda».

Lo stimolai ad arrossire sempre di più, il più possibile, per tutto il tempo che avrebbe potuto sopportarlo, finché i suoi capillari si fossero stancati di dilatarsi in modo tale che avrebbero cominciato a restringersi da soli e quindi il viso sarebbe ritornato naturalmente bianco.
Lo invitai ad associare questa immagine e percezione, contando, al numero uno. Al due gli ricordai un'antica leggenda indiana sulla creazione dell'uomo. Manitù fece un impasto con la creta, gli soffiò dentro l'anima, poi lo mise in forno per la cottura. Lo lasciò lì. Affaccendato in altre importanti cose, se ne dimenticò. L'odore del fumo acre lo richiamò. Tolse la creta dal forno e si rese conto, con disappunto, che il colore della sua creatura era troppo scuro. Decise di riprovarci, ma, memore dell'errore, stette lì, accanto al fuoco acceso, per toglierla al momento giusto dal forno. Quando lo fece si rese conto che era stato troppo precipitoso, perché il nuovo uomo che aveva creato era poco cotto: bianco da fare paura. Ci riprovò ancora. Questa volta mise a frutto l'esperienza precedente, calcolò un tempo intermedio tra i primi due. Quando aprì il forno, si rese immediatamente conto che aveva creato la sua creatura perfetta: era l'uomo rosso che avrebbe cavalcato sulle pianure dell'America.
Al tre cominciò a raffigurare il suo viso come un campo irrorato da tanti canali. Cominciò a chiudere le chiuse a monte e ad aprire le chiuse a valle, in modo che tutto il sangue potesse rapidamente defluire.
Al quattro lo portai a immaginare una sensazione di freddo al viso. Mi disse che questa era la cosa che gli riusciva più facilmente.
«Benissimo» gli dissi «allora cerchiamo di crearla, in pochissimo tempo. Magari in soli cinque secondi. Non si preoccupi, lasci che tutto succeda in maniera naturale. È solo una questione di allenamento. Il freddo restringe i capillari e naturalmente il viso torna bianco, come quello di un Pierrot. È troppo, vero? Accontentiamoci allora di un bianco poco cotto! Molto bene! Il freddo rimuove il calore e spegne il fuoco. E magari, se fossimo in pieno inverno, potremmo piacevolmente stupirci di svegliarci al mattino sotto una bianca coltre di neve. Al cinque potremmo raffigurarci un torrente a primavera che tutto porta via, anche quella cosa lì di colore rosso, che scompare tra i flutti e si perde in un mare immenso. Bene! Ora lo faccia da solo. Conti fino al cinque e consideri cosa riesce a ricreare. Prenda tutto il tempo che le occorre. Per imparare, ci vuole il giusto tempo. A volte voglio costruire una casa. Sto lì a guardare il campo vuoto. Ma niente succede, se io non faccio in modo che succeda. Ma se io, giorno dopo giorno, metto i mattoni l'uno accanto all'altro, e ne aggiungo sempre di più, quando ho imparato che è molto più facile e divertente farlo, piuttosto che stare lì a pensarlo e basta, allora scopro che quella casa è lì, reale, sotto i miei occhi. Bene! Lo faccia da solo!».

Franz contò mentalmente a occhi chiusi. Poi aprì gli occhi. Mi disse che la storia di Manitù lo aveva divertito e lo aveva fatto riflettere su come le cose fossero relative, però quello che più lo aveva fatto elaborare era la sensazione del freddo. Per Franz i capillari potevano restringersi fino a diventare una bianca coltre di ghiaccio, che tutto nascondeva.

Poiché riusciva bene a creare la sensazione di freddo, nelle sedute successive lo allenai a crearla automaticamente in pochi secondi, anche in stato di veglia, contando da uno a cinque. Franz, estremamente motivato a trovare delle soluzioni, imparò, quando si sentiva avvampare, a far svanire il rossore in cinque secondi: un tempo abbastanza breve perché potesse sfuggire all'occhio dei suoi interlocutori.

Alla sesta seduta mi disse che aveva quasi del tutto abolito i tranquillanti, che le situazioni di disagio si erano diradate e che era perfettamente in grado di controllarle. Si era preso la giornata libera e dopo la seduta sarebbe andato a fare spese in città con la moglie, che lo attendeva in auto. Fino a quel momento non mi aveva mai accennato alla sua vita, né io gli avevo chiesto nulla. Gli chiesi se la moglie avesse notato i suoi progressi e se il suo cresciuto autocontrollo avesse migliorato altri aspetti della sua vita. Non rispose, chiaramente restio a parlarmi di sé, ma mi interrogò sui campi d'applicazione dell'ipnosi. Gli feci un lungo elenco. Improvvisamente mi interruppe chiedendomi se c'era una cura per l'eiaculazione precoce. Risposi che c'è sempre una risposta, anzi spesso può essercene più d'una, alle nostre domande, ma che avrei dovuto saperne di più, altrimenti avrei dovuto rimanere nel vago e parlare a lungo come prima. Finalmente si decise e mi parlò della moglie.

Mi disse che era una donna attraente, ma con lei non era più come un tempo: avevano di media un rapporto sessuale al mese e lui soffriva d'eiaculazione precoce. Risposi che chiunque con un solo rapporto al mese avrebbe potuto essere così eccitato da avere una eiaculazione troppo rapida. Mi spiegò che la rarefazione dei rapporti era dovuta a tante cose, ma il fatto che lo infastidiva di più era che la moglie indossava sempre il pigiama. Non mi convinse che il problema fosse tutto lì, certamente era dovuto di più alle "tante cose" che non mi aveva raccontato, comunque cominciai a lavorare su questo aspetto.

Dissi che potevano esserci tante soluzioni: darsi da fare per far fallire l'industria dei pigiami, ma era complicato e costoso, oppure, con un paio di forbici, tagliarli a pezzettini o, quando la moglie veniva a letto, strapparle il pigiama di dosso. Il tutto con decisione, ma senza farle male, poiché lui era arrabbiato con il pigiama, non con sua moglie. Ogni pigiama che lei avesse indossato lui l'avrebbe strappato, così forse lei alla fine avrebbe smesso di comprare e indossare pigiami.

La sera stessa le strappò il pigiama e fecero l'amore. L'eiaculazione fu precoce, ma comunque meno del solito.
Era un cambiamento.
La seduta successiva mi disse che c'era un altro problema, che in parte aveva già risolto, ma desiderava considerare nuove possibilità. Da un anno frequentava una ragazza molto attraente, più giovane di lui, fidanzata con un coetaneo con il quale aveva rapporti sessuali insoddisfacenti, senza orgasmo.
Lei faceva la commessa e si vedevano al termine del lavoro, fra le diciannove e trenta e le ventuno, oppure dopo le ventitré. Gli incontri duravano da un'ora e mezza a due ore e si svolgevano, a seconda dell'occasione, in macchina o nell'appartamento di un amico. Con lei niente eiaculazione precoce, ma pur soddisfatta da un primo orgasmo, la ragazza desiderava farlo una seconda volta, e lui non sempre ci riusciva. Franz considerò che questo poteva essere un problema. Aveva consultato un urologo che lo aveva trovato perfettamente normale, ma, dietro la sua pressante insistenza, gli aveva consigliato di farsi delle iniezioni nel pene, per mantenere costante e duratura l'erezione per il periodo desiderato, in modo da poter avere il secondo rapporto.
Lui, prima d'ogni incontro, si faceva l'iniezione e così riusciva, in quel breve lasso di tempo, ad avere due rapporti consecutivi.
Gli dissi che trovavo tutto ciò estremamente complicato e veramente poco piacevole, per essere il preludio a un momento così bello come fare l'amore. In questo modo, invece, diventava un vero e proprio lavoro, più stressante di quello che svolgeva di giorno.
Chi l'aveva mai detto che doveva avere per forza due rapporti? Poteva anche trascorrere una sera senza sesso e con la voglia di fare altre cose: fare un giro insieme in macchina parlando, oppure sedersi davanti a una bibita al bar a guardarla negli occhi stringendole le mani. Dissi che trovavo molto più piacevole lasciare che fossero i desideri spontanei a guidare la relazione, piuttosto che dover considerare ogni rapporto sessuale come un obbligo e un lavoro. Inoltre, farsi l'iniezione non doveva essere affatto piacevole.
Gli suggerii di buttar via le iniezioni e di smettere di considerare questa relazione come un dovere oneroso. Poteva comportarsi con naturalezza.
Non continuai oltre e non feci alcun collegamento tra i disturbi che l'avevano spinto all'inizio a venire da me e la sua vita famigliare ed extrafamigliare; preferivo che tutto quello che era stato detto sedimentasse, e che fossero i cambiamenti già introdotti a portare alla soluzione dei problemi.
Anche perché lui si era mostrato intollerante ai discorsi teorici, mentre si era dimostrato molto pronto a sperimentare in pratica i suggerimenti. Io gli offrivo possibilità diverse, lui avrebbe trovato soluzioni diverse. Inoltre, mi dava sempre notizie scarse e

frammentarie, per cui non sarebbe stato possibile né utile forzarlo ad aprirsi: in pratica, io gli fornivo gli elementi con cui lui si faceva la sua terapia.

Intanto i suoi rapporti con la moglie erano cambiati, erano diventati bisettimanali con l'eiaculazione precoce saltuaria, che non condizionava il rapporto successivo, appagante per entrambi. Un elemento esterno accelerò i cambiamenti in corso: la sua segretaria non era più in grado di svolgere il proprio lavoro e, poiché la moglie era segretaria d'azienda e aveva già lavorato prima che si sposassero, la assunse nella sua ditta. La moglie, in fondo, aveva sempre desiderato riprendere il proprio lavoro; per cui lo intraprese con entusiasmo e competenza e lui fu molto soddisfatto di questa decisione. I loro rapporti sessuali migliorarono ancora e divennero sempre più frequenti. Intanto aveva diradato gli incontri con l'amante, anche perché scoprì che avevano poco in comune. Alla fine decise, autonomamente, di troncare questa relazione.

Devo dire che Franz non cessò mai di stupirmi, sia perché le nostre sedute assomigliavano a una telenovela, ma soprattutto perché le soluzioni che adottava erano sempre molto decise e precise: abbozzata una via, lui la faceva diventare un'autostrada.

Le resistenze

Non esistono il caso clinico e la tecnica da applicare in quel frangente, ma esiste la persona con la sua individualità e le sue reazioni.

In ipnosi può succedere che, anche facendo le cose giuste, il meccanismo non funzioni. **È l'interrelazione tra il terapeuta e la persona che determina l'impostazione e lo svolgimento della seduta d'ipnosi.**

Qualsiasi reazione della persona è una comunicazione di cui è necessario tenere conto. **Le reazioni della persona sono indicazioni per il comportamento del terapeuta**, che può inglobarle, gestirle e ristrutturarle. Invero, è lo stesso discorso che facevamo a proposito del rispecchiare, ovvero dell'elaborazione degli elementi e delle situazioni ambientali e personali. Se a una persona, durante l'induzione, suggerisco che la poltrona è comoda e che il suo braccio sta diventando sempre più leggero e invece, osservandola, mi rendo conto che si agita insofferente sulla poltrona e che il suo braccio ricade giù pesantemente, per essere credibile e per mantenere il rapporto devo ricalcare le sue reazioni.

In questo caso potrei dire: "Molto bene... vedo che quella poltrona ha deciso di diventare... un tantino scomoda... Quella necessaria scomodità... che serve per mettere in movimento innumerevoli cambiamenti dentro di noi... E quando si cambia... un po' di resistenza c'è sempre... ma poi le cose si assestano... Noto con estremo piacere... che il suo braccio ha deciso... di diventare piacevolmente pesante... Magari tra qualche secondo... il suo braccio deciderà autonomamente... qualche altra cosa... Lasciamoci guidare da lui... Lasciamoci guidare dall'inconscio... perché l'inconscio sa sempre cosa fare... Noi

molte volte non lo sappiamo... ma abbiamo molto tempo per imparare... E quando avremo imparato... non lo dimenticheremo mai più...".
Se siamo sulla lunghezza d'onda giusta, lo verificheremo immediatamente dal comportamento della persona; se invece ci rendiamo conto che la persona soffre in quella situazione e in quella posizione, **è opportuno porre delle domande in modo da capire quello che succede.**

LA POLTRONA DEL DISAGIO

Mario era veramente a disagio su quella poltrona e, nonostante l'elaborazione delle sue resistenze, continuava a stare male. Gli chiesi cosa succedeva e mi rispose che si sentiva fuori posto e non sapeva il perché. Si alzò in piedi di scatto, come se fosse seduto sui carboni ardenti. Anche in piedi continuava a fissare la poltrona con estremo fastidio. Allora gli dissi: «Molto bene... Intanto, vedo con piacere... che i suoi muscoli funzionano a meraviglia... È dai tempi in cui facevo atletica leggera... che non vedevo uno scatto così... Vedo che le dà fastidio anche guardarla... È molto positivo... che lei abbia focalizzato tutto il suo disagio su quella poltrona... così se ne è liberato definitivamente... Molto bene... Lei ha fatto tutto da solo... Lei ha un sacco di risorse! Ora... su quella poltrona... ci mettiamo sopra un foglio con su scritto a colori verdi, rossi e blu... "Poltrona del disagio"». Lo scrissi e poi misi il foglio sulla poltrona. Ma mi resi conto che, pur essendo più sollevato, non gli bastava ancora.
Allora gli dissi: «D'accordo... ma solo per questa volta... Ora lei mi aiuta e la spostiamo in sala d'aspetto...».
Lo facemmo insieme. Nella sala d'aspetto diedi un timido calcio a quella poltrona e lui, visto che non era la sua, lo fece con più convinzione. Ritornammo di là e lui, molto sollevato, si sdraiò tranquillamente sul divano... Mi restò sempre la curiosità di sapere cosa diavolo avesse sentito o visto su quella poltrona. Lui non me lo disse e io non glielo chiesi.
Alla fine della seduta rimettemmo la poltrona al suo solito posto. Nella seduta successiva, si portò da casa, come Linus, una coperta di colore verde con la quale coprì la poltrona e che poi lasciò lì. Mario aveva focalizzato tutto il suo disagio e chissà quali altre cose su quella poltrona.
Ricalcando le sue convinzioni, gli feci lasciare la coperta su quella poltrona per tutta la durata del trattamento.

È molto meglio che tutto quello che disturba o che ci angoscia fuoriesca all'esterno piuttosto che rimanga dentro di noi. La scelta della persona di focalizzare tutto su un oggetto, come per Mario la poltrona, è una scelta inconscia che non è vagliata dalla mente razionale. Bisogna sempre incoraggiare tutto quello che proviene dall'inconscio.

Un altro modo di trattare le resistenze potrebbe essere quello di incoraggiarle.
L'incoraggiamento, che diventa quasi una prescrizione del sintomo, è pur sempre una forma di ricalco dai contenuti più accentuati. Per esempio, con una persona molto tesa che ha gli occhi spalancati per la paura di andare in ipnosi potrei dire: "Benissimo... mi raccomando... stia più teso possibile... ancora di più... Da lei mi aspettavo molta più tensione... E poi... non vede che quel muscoletto lì è tutto rilassato? Non è coerente... con quello che fanno tutti gli altri... Non vorrà mica dirmi... che dentro di sé ha dei bastian contrari... che non fanno quello che decide lei... Non si rilassi... mi raccomando! E poi... quegli occhi li tenga bene spalancati! Non li chiuda assolutamente! E quello che è più importante non mi vada... in ipnosi!".
In quello che ho appena detto vi sono anche degli ordini espressi in forma negativa, che generano una certa confusione nella persona e che spesso la portano a fare quello che non vorrebbe fare ma che è suo interesse fare. Gli ordini in forma negativa, anche se preferisco la terminologia di "inviti a non fare affinché poi la persona faccia" sono dei doppi legami.
L'invito a non andare in ipnosi può essere disatteso dalla persona, che quindi sarà disponibile ad andarci, oppure seguito: in tal caso il paziente si estranierà da quello che lo circonda, focalizzando al suo interno, quindi andrà in autoipnosi.
Inoltre, questa formulazione particolare di comunicazione genera nella persona una leggera confusione che la spiazza, perché inaspettata, e quindi la rende pronta per successive suggestioni.

Il cambiamento

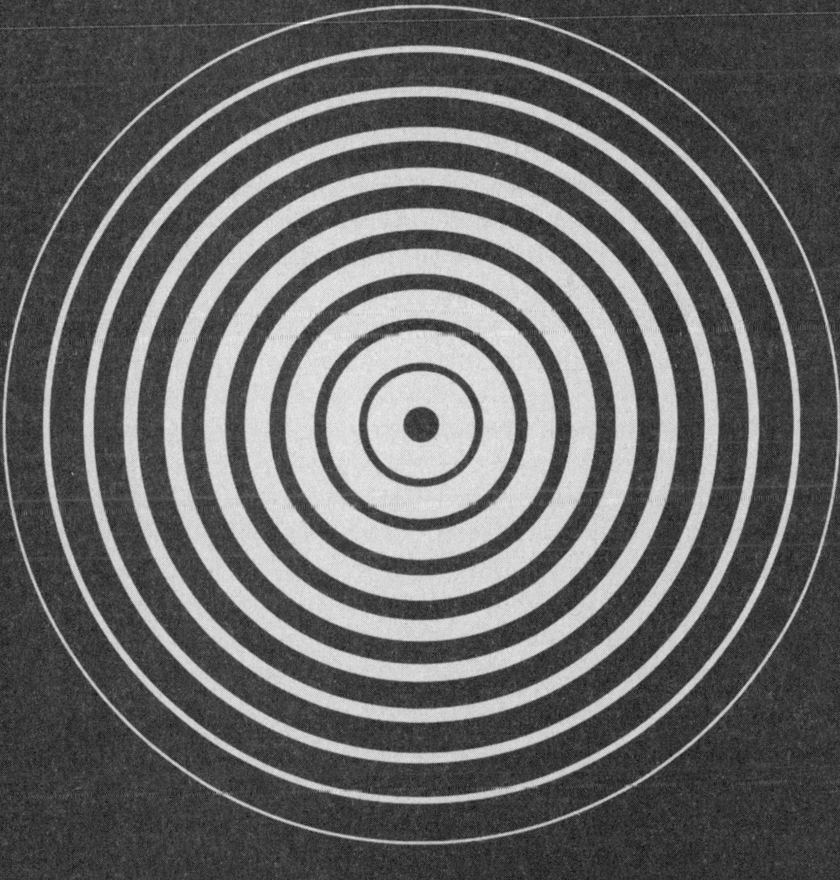

La ristrutturazione

Qualsiasi cambiamento che avviene dentro di noi porterà a un cambiamento del nostro mondo e di tutto quello che ci circonda.

Erickson diceva: «Presentate alla persona altre esperienze che annullino, contraddicano, assorbano e mantengano la sua attenzione di modo che non possa concentrare tutta la sua attenzione a ciò che la fa star male». Rosen parla di "effetto onda". **Porsi davanti a un problema in un altro modo conduce a una nuova esperienza che, a sua volta, porta a rendersi conto che le cose non sono così impossibili come sembrano. Il cimentarsi con se stessi dandosi delle possibili soluzioni comporta una maggior fiducia e un comportamento positivo, in cui una persona non valuta più soltanto i propri limiti ma anche le proprie possibilità.** Qualsiasi cambiamento che avviene nella persona porterà a un cambiamento del suo mondo e del suo sistema di vita e anche di tutto ciò che la circonda. Se io mi comporto sempre allo stesso modo anche gli altri mi daranno sempre le stesse risposte. **Se io non faccio più le cose in un certo modo, neppure gli altri potranno più farlo.** Invece prima, mi mettevo di fronte al problema in un modo apparentemente irrisolvibile, ponendomi una domanda: "**Perché non cambiano gli altri?**". La domanda giusta, possibile e realizzabile è: "**Perché non cambio io?**". È la stessa cosa che dicevo a Thomas nel capitolo dei messaggi positivi: se la montagna non va a Maometto deve necessariamente andarci Maometto. È certamente più facile convincere se stessi piuttosto che convincere gli altri; **è più facile cambiare se stessi piuttosto che cambiare gli altri.** Basta darsi il giusto tempo che occorre per fare le cose: passo dopo passo, possiamo arrivare a destinazione. A volte è un dilemma che ci tormenta, del tipo: "Faccio questo

oppure faccio quello?". Molte volte la soluzione possibile è fare prima l'una e poi l'altra cosa. È la filosofia del fare. Magari facendo l'una scopro che fare l'altra non serve più. E in ogni caso l'esperienza mi porta a una valutazione diversa delle cose.
L'esperienza immaginata durante l'induzione d'ipnosi è la base e il punto di partenza per quella reale. Abbiamo visto un esempio di questo tipo nel caso della signora Carlotta, nel capitolo delle istruzioni paradossali. L'induzione d'ipnosi non è magia né manipolazione, ma stimolo a recuperare energie spesso misconosciute nel nostro inconscio, per compiere il gran salto verso la vita reale. L'induzione d'ipnosi è un modo per seminare nuove e fertili idee, allargando le possibilità del vivere. Sarà poi la persona a scegliere la strada migliore da percorrere. Abbiamo già ricordato che la profondità della trance e la sua fenomenologia hanno una scarsa importanza. Quello che importa veramente è che la persona elabori e lavori alla ricerca del proprio benessere in un campo nuovo, dove sono state seminate tante idee e dove le possibilità di attuazione concreta delle cose si allargano nelle quattro direzioni dei punti cardinali. Se la persona cerca nell'ipnosi la pillola della felicità, troverà solo rilassamento. Questo può anche bastare. Ma se cerca quello che vuole veramente cercare, allora lo troverà, purché si rimbocchi le maniche e non rimandi a domani quello che può fare già oggi e non pretenda di far fare agli altri quello che può fare lei stessa.
L'ipnosi è conoscersi dentro per togliere le paure del vivere. L'ipnosi è il recupero delle proprie potenzialità e risorse, di cui spesso

non ci rendiamo conto, ma che sono lì alla nostra portata, dietro l'angolo. Basta compiere il primo passo. Basta avere una minima disponibilità a cambiare. D'altra parte, perché non cambiare quando alle mie spalle lascio sofferenza e dolore e davanti a me si apre la possibilità di vivere? Niente è mai terminato nella nostra vita finché abbiamo la possibilità di viverla. Perché non cominciare a godersi la vita invece che aspettare la morte? Perché non provare almeno una volta a stimolarci positivamente, guardando oltre il limite apparente delle cose? Erickson diceva: «Per tutta la vita avete imparato delle cose trasferendo all'inconscio queste conoscenze e utilizzando automaticamente i risultati dell'apprendimento». Attraverso l'ipnosi possiamo fare altrettanto e in maniera ancora più appagante.

Rosen, riprendendo Paracelso, commenta: «Come un uomo immagina di essere così sarà perché egli è ciò che immagina di essere». **L'autostima e la considerazione di sé non nascono da una pillola della felicità ma scaturiscono, giorno dopo giorno, dall'accumulo ininterrotto di esperienze**. Di gradino in gradino, possiamo riuscire a guardare le cose dalla cima del mondo. Purtroppo la maggior parte dei pazienti, quando sono ammalati, regrediscono e mettono il medico nella posizione dell'onnipotente genitore. Dobbiamo osservare, considerare, ascoltare, scoprendo cose che abbiamo a portata di mano, ma che non vedevamo perché tenevamo la mente razionale concentrata sui nostri limiti.

Erickson diceva: «Ma lo sapevi che ogni filo d'erba ha una gradazione di verde diversa?». Quante volte passiamo e ripassiamo davanti a una certa cosa e non la vediamo perché siamo persi nei nostri pensieri? Guarire significa recuperare la nostra realtà, affrontandola con occhi diversi che notano anche le piccole sfumature di colore, percependo piccole differenze sulla nostra pelle e ascoltando anche i suoni e non solo i rumori. Se inizia un piccolo cambiamento, questo si estende poi a macchia d'olio.

Rosen afferma: «**Ogni successo della nostra vita si appoggia sul conseguimento del successo precedente**». Bisogna farlo accadere. Domani è un altro giorno, domani il sole spunterà ancora e qualunque cosa capiti non è la fine del mondo, ma può essere l'inizio.

Le esperienze negative del passato possono formare la base delle potentissime risorse che abbiamo nel presente, laddove, in stato d'ipnosi, siano rivissute in modo nuovo e diverso.

Il terapeuta incorpora e gestisce i ricordi spiacevoli della persona e le fornisce delle alternative percorribili che l'inconscio può scegliere ed elaborare.

La ristrutturazione è il vedere, considerare, valutare ed elaborare le cose da punti di vista diversi; è superare i limiti abituali aumentando le alternative, è allargare le prospettive, cambiare lo schema di rappresentazione della realtà; è fare tabula rasa del proprio passato e considerare il domani come l'inizio di un nuovo giorno; è orien-

tare diversamente se stessi nel futuro, modificando e cambiando il proprio passato; è recuperare un modo di vedere le cose, simile a quello che avevamo da bambini quando le guardavamo con naturale curiosità e desiderio di appropriarcene, senza preconcetto alcuno. È un ribaltare modelli che hanno causato sofferenza, è un'espansione ulteriore del pensiero divergente che si allarga in tutte le direzioni per inglobare la complessità della vita e dell'esistere.
Il momento ideale per rendere tutto questo realizzabile è durante l'induzione d'ipnosi e, più precisamente, verso la fine dell'induzione, quando la persona è particolarmente recettiva a queste suggestioni che raggiungono direttamente l'inconscio. Se le stesse cose fossero dette al di fuori dell'induzione d'ipnosi avrebbero ben poco peso e, per certi versi, apparirebbero ovvie. In uno stato alterato di coscienza sono invece recepite dall'inconscio come uno stimolo all'apprendimento e al cambiamento, analizzando utili e piacevoli alternative.
Il modo vago di esprimersi, senza specificare spesso il soggetto delle cose, le rende più penetranti e permette all'inconscio di valutarle da ogni prospettiva, senza limiti e confini. Il problema è un limite, anzi lo diventa quando ripetiamo le cose allo stesso modo. Tante cose mutano ed evolvono nel tempo, solo che ce ne dimentichiamo. Un tempo eravamo piccoli e potevano dirci di fare questo e di fare quello: d'altra parte la nostra naturale curiosità cozzava con la nostra inesperienza. Ora, da adulti, possiamo recuperare la nostra naturale curiosità e rinnovare la nostra esperienza. Da grandi, i limiti che abbiamo sono solo quelli che ci diamo noi. È necessario portare la persona a fare le cose in un modo totalmente diverso, e l'ipnosi può essere questo modo. In ipnosi posso lavorare su un problema anche senza sapere qual è. Posso creare delle nuove alternative a livello dell'inconscio, in quanto quest'ultimo non ha i limiti della nostra parte razionale, che elabora secondo rigidi schemi logici solo quello che crede sia possibile elaborare. L'inconscio non ha limiti ma solo potenzialità inespresse che possono aprirsi in tutte le direzioni. Esso elabora in modo analogico attraverso i canali sensoriali e immagina tutto quello che è possibile immaginare.
Una volta create, le nuove alternative possono essere valutate a livello inconscio. La persona sceglierà la migliore per lei in quel momento e potrà realizzarla a livello immaginativo. **L'esperienza immaginata diventa la base dell'esperienza realizzata.**
Passo dopo passo, cambia il concetto di sé e la visione delle cose, fin quando, naturalmente, senza forzature, deciderà di portare il tutto nella realtà. È necessario rimarcare l'importanza dell'esperienza immaginata, perché è fondamentale come ci sentiamo e come ci percepiamo. **Se dentro di noi ci sentiamo liberi, il fatto apparentemente limitante di non esserlo veramente ancora diventa solo un fattore temporale che, inevitabilmente, si realizzerà.**

Rosen riporta il caso di Victor Frankl che, durante la triste esperienza del campo di concentramento, tenne la mente occupata a pensare alle conferenze che avrebbe tenuto dopo la liberazione. Watzlavick, Weakland e Fisch in *Change* affermano: «Ristrutturare significa cambiare l'atteggiamento o punto di vista concettuale e/o emozionale in relazione al quale una situazione viene vissuta e porla entro un'altra cornice». Gli stessi autori citano il filosofo Epitteto che afferma: «Non sono le cose in sé a preoccuparmi, quanto piuttosto le opinioni che abbiamo sulle cose». In ogni caso, non sono importanti le possibili soluzioni che fornisce il terapeuta ma quelle che si dà la persona e che possono essere diverse da quelle proposte. Il terapeuta mette in moto un processo che viene poi elaborato da ognuno. Siamo noi che facciamo la terapia.

Nella ristrutturazione spaziale possiamo modificare la percezione e l'immagine delle cose. Possiamo insinuare dei dubbi visivi sulle nostre valutazioni abituali. Per esempio: se io mi trovassi bloccato in una casa in cui non c'è apparentemente alcuna via d'uscita, potrei vedere le cose da diversi punti di vista dicendo: "Posso avere l'impressione che la casa sia tutta lì e poi dietro una tenda scopro una porticina... e dietro una porta... e dietro un'altra porta ancora... e dietro uno scalone enorme che conduce in alto! Ci sono delle case che fanno degli strani effetti ottici... Ci sono delle case grandi che possono sembrare piccole per altre prospettive o perché il nostro punto di vista è diverso! Quante cose si possono vedere dall'alto e dal basso, da sopra e da sotto!". Posso anche insinuare dei dubbi percettivi sensoriali. Per esempio, valutando un problema potrei dire: "Ci sono tante cose che sentivamo come complicate, difficilissime! Magari considerandole da altre angolazioni possiamo renderci conto della loro semplicità... E come sono cambiati i nostri modi di percepire le cose, da quando eravamo bambini! E come cambieranno ancora!".

La ristrutturazione temporale mi permette di plasmare e modificare il tempo. Per esempio potrei andare nel futuro di una persona facendole sperimentare i cambiamenti suggeriti nel corso dell'induzione, oppure potrei andare nel suo passato quando il problema non era ancora nato e, procedendo per passi successivi, modificare il suo approccio al problema, in modo da cambiare il futuro.

Rosen afferma: «Ciascun problema ha in sé un passato e un futuro... Se pensate che ogni problema è il primo, non avete nessuna ansietà proveniente dal passato. Avete eliminato il passato e potete cambiare il futuro».

Purtroppo noi diamo per scontate troppe cose per cui, alla fine, ci troviamo prigionieri di questa ragnatela. **Comunque sia stato il passato, possiamo modificare il futuro affrontando il domani in modo diverso**. L'esperienza angosciosa del passato può diventare la base per costruire diversamente il nostro futuro, evitando di commettere gli stessi errori, in modo tale che possiamo dire a noi stessi: "Mai... mai più!".

SINDROME FOBICO-OSSESSIVA. CRISI DI PANICO. DESIDERIO DI GRAVIDANZA

Cinzia era una donna di ventitré anni, sposata da circa tre. Il marito, di quindici anni più anziano di lei, in qualche modo poteva guidarla, darle consigli utili che però lei, prigioniera delle sue ossessioni e delle sue paure, era incapace di seguire.
Alla prima seduta, Cinzia si sedette sulla poltrona; era tesa, nervosa, le mani tremanti, gli occhi fissi, lo sguardo basso e sfuggente. Era seguita dallo psichiatra, in un centro di salute mentale, e assumeva psicofarmaci. Era stata in cura da uno psicologo per un paio d'anni.
Con questi aveva rivissuto il trauma infantile, cui lei faceva riferimento continuo e dal quale, secondo lei, tutto era partito.
Era riuscita a prendere coscienza di quel trauma e a parlarne. Per lei questo era stato importante. Però la terapia non era andata oltre. Il suo comportamento attuale non ne era stato influenzato, i suoi pensieri ossessivi e le sue fobie restavano.
Mi raccontò che aveva avuto un'infanzia infelice, tutto sembrava che le si accanisse contro: la vita, la famiglia, la scuola. Si poneva sempre in situazioni tali da subire gli altri: subiva la maestra, la scuola, i compagni. Era incapace di dire la sua e di fare quello che desiderava. Descriveva il padre come una persona chiusa, all'antica, che non le lasciava frequentare gli altri.
La madre cercava di fare da cuscinetto tra lei e il padre, ammorbidendo le posizioni di entrambi, ma così facendo non manifestava un'idea propria.
Il trauma della fanciullezza, cui lei faceva riferimento, era costituito da una tentata violenza da parte dello zio materno all'età di tredici anni. Durante i soggiorni al mare nella casa degli zii, lo zio le faceva molti complimenti. Una sera cercò di metterle le mani addosso, la toccò e lei si irrigidì, si mise a urlare, ebbe una crisi isterica. Si chiuse in camera con un gran desiderio di scappare. La zia quella sera non era presente, e quando più tardi la sentì rientrare, la udì ridere insieme allo zio: si convinse allora che la zia fosse d'accordo con lui. Tornò a casa e raccontò l'episodio alla madre, la quale la implorò di non parlarne al padre per timore di una sua reazione.
Lei si sentì abbandonata e non capita. La madre avrebbe dovuto difenderla, sarebbe dovuta andare su tutte le furie, avrebbe dovuto non permettere più allo zio di entrare in casa loro. Invece non aveva capito il trauma che lei aveva subito, e per il quieto vivere la implorò di non parlarne più.
Le visite dello zio materno a casa loro erano abituali e continuarono regolarmente dopo questo fatto, e anche ora, da sposata, spesso si ritrovava la domenica nella casa dei genitori, alla presenza di quello zio. Ogni risata fatta da questo individuo era un colpo che la feriva, ogni suo sguardo rappresentava per lei una nuova violenza. Ogni

sorriso della madre significava tollerare quella violenza. Il padre che parlava con lo zio era colui che non sapeva, e che non avrebbe capito; la zia che rideva con lo zio era complice del misfatto.

Aggiunse altre cose nelle prime sedute. Aveva continue paure: paura di soffocare durante la notte, paura di uscire da casa, paura che la gente la guardasse e la deridesse, paura che il marito morisse in un incidente stradale, paura che il suo pensare alla morte del marito significasse che lei non lo amava. Sicuramente se il marito fosse morto veramente, lei ne sarebbe stata la causa. Nessuno poteva aiutarla. Chi e come avrebbe mai potuto interrompere quell'ossessione continua!

Se guardava un film giallo, le vicende di quel giallo diventavano "oscure trame" che lei avrebbe potuto subire da qualcuno, conosciuto o sconosciuto, che l'avrebbe ingannata e che le avrebbe fatto del male.

Qualsiasi notizia ansiogena veniva ingigantita e riferita a se stessa. Mi raccontò che aveva letto in un giornale che un uomo in Australia era morto per una lisca di pesce rimastagli conficcata in gola. Lei naturalmente non avrebbe mai più mangiato pesce. E se fosse accaduto non solo col pesce, ma anche con un altro cibo? Lei non poteva più mangiare, lei doveva morire.

Come poteva sentirsi, sapendo che le persone che le avevano fatto del male erano vive, mentre lei doveva morire? Come poteva vivere con l'idea che lo zio che le aveva fatto del male, cui lei augurava la morte, non era morto, e non moriva?

Mi parlò anche della nonna, che ogni volta che lei tornava al paese le faceva il resoconto dei necrologi della settimana, accentuandone il lato drammatico e fatalista. «Ti ricordi di Antonio» diceva «era giovanissimo, godeva di buona salute, ma all'improvviso ha accusato un dolore al petto ed è morto: pensa, è sempre stato bene e all'improvviso è morto». Lei a queste parole si sentiva morire. Sentiva che anche lei all'improvviso sarebbe potuta morire. Odiava sua nonna e avrebbe voluto che morisse, ma non moriva. Lei invece poteva morire in qualsiasi momento.

Restai colpito dalla sua storia, e colpito anche da quello che aggiunse dopo; avrebbe voluto essere madre, ma si rendeva conto che non poteva. Lei non sarebbe mai stata una donna normale.

Le dissi che, per imparare a vivere, era forse necessario che lei cambiasse delle cose nella sua vita. Incontrai molta resistenza, ciò che le dissi le sembrava banale.

Provai ad affrontare il problema dal punto di vista dei suoi perché, delle sue ossessioni e delle sue fobie.

Dissi che tutte le persone hanno dei problemi, che a volte non appaiono, che le persone a volte li tengono, come lei, dentro di sé. A volte hanno paura di parlarne, a volte sorridono per non piangere, ma questo non vuol dire che tutti stiano bene. Non era necessariamente vero che tutti quelli che la guar-

davano per strada pensavano di prenderla in giro, o la trovavano brutta, o chissà che altro. C'è gente che è miope e magari ti guarda in modo strano proprio per la necessità di focalizzare meglio. A volte si incontrano persone che sorridono solo perché stanno pensando a cose piacevoli. Poi forse qualcuno guardava proprio lei perché la trovava bella, oppure perché pensava assomigliasse a qualcuno che conosceva. Tutto era possibile.
Le proposi di intrecciare rapporti con vicine di casa che avessero la sua età. Oppose l'ostacolo dell'impossibilità di uscire in auto con loro, perché a ogni chilometro temeva che potesse avvenire un incidente. Obiettai che anche restando a casa da sola aveva paura e che, per di più, si riempiva di pensieri che, entrando in un circolo vizioso, aumentavano le sue paure e la rendevano impotente a fare qualsiasi cosa che non fosse pensare ancora. **Tanto valeva allora che uscisse e affrontasse le sue paure nella realtà, anziché nella finzione. Che si divertisse o no, avrebbe, perlomeno, vissuto un fatto reale.**
Avrebbe potuto, durante una gita in macchina, rivelare sinceramente i suoi timori e chiedere di guidare con prudenza: la persona alla guida l'avrebbe sicuramente accontentata. Eliminato il timore dell'incidente, avrebbe potuto godere del panorama, della campagna che muta colore con il mutare delle stagioni. Avrebbe finalmente distratto la mente dal pensare a se stessa.
La città, poi, e le vetrine l'avrebbero indotta ad acquistare qualcosa, a indossare un abito, a concentrarsi sul suo aspetto, a farsi consigliare. Avrebbe potuto bere un caffè in un bar, mangiare una pasta, ascoltare la musica, guardare negli occhi l'amica, ascoltare quello che avrebbe potuto dirle, scoprire che anche lei aveva dei problemi, uguali o diversi dai suoi.
In una seduta successiva mi disse che stava molto male, continuava a pensare e si chiedeva se facesse bene a venire.
Le dissi che doveva imparare a distrarsi. Le consigliai dei libri da leggere, libri rilassanti che la distraessero da se stessa, le consigliai di guardare la televisione in modo diverso, operando una scelta dei programmi.
Le proibii, al momento, di leggere i quotidiani e di seguire i notiziari, poiché le loro notizie, il loro modo di riportarle giocavano sulle ansie della gente, sulla morbosità degli avvenimenti, sull'ingigantire e gonfiare fatti banali e a volte eccezionali (come quello della lisca di pesce).
Il giornale pubblica lo scoop, l'insinuazione, il sospetto, perché è questo che attira l'attenzione e la curiosità del pubblico. Le feci notare che i media non trasmettono mai la notizia, per esempio, che un ministro, in una bella giornata di sole, si è alzato, si è vestito, dopo essersi rasato, e dopo un'abbondante colazione si è recato al palazzo del governo. Una notizia del genere è talmente ovvia e banale che nessuno la leggerebbe. Al contrario una notizia "tipo" potrebbe riferire

che lo stesso ministro è stato visto durante la notte nella stanza del giovane cameriere, per poter insinuare il dubbio che questi appartenga al servizio segreto o che tra i due vi sia una torbida relazione o, ancora, che il ragazzo sia una donna travestita da cameriere.

In altri casi, le dissi che le notizie sono alterate secondo la tesi che quel giornale o telegiornale vuol dimostrare e a volte addirittura omesse. Questo la colpì: lo elaborò mentalmente e mi fece esempi suoi.

Le consigliai di adattarsi al mondo, di cercare di capirlo con la stessa acutezza mentale che usava per sviluppare e mantenere le sue ossessioni, in modo da permettersi di affrontarlo meglio e di vivere al suo interno.

Avevamo trovato un punto di contatto, una visione del mondo da cui potevamo partire per un cambiamento.

Nelle sedute successive Cinzia mi riportò notizie e fatti che l'avevano turbata. Io le davo la mia interpretazione, che non sempre la soddisfaceva: voleva infatti delle certezze, laddove io cercavo di mostrarle il lato relativo delle cose, di farle osservare una situazione sotto diversi punti di vista. Quando vedevo crescere le sue resistenze, le davo ciò che voleva: una visione interamente positiva della cosa. Queste discussioni richiesero molti incontri, comunque le sue resistenze diminuivano, e la sua mente si apriva dandomi la possibilità di conoscerla più a fondo.

Durante una seduta, riportò l'argomento al trauma subito, perché aveva rivisto lo zio a casa del padre. Questo l'aveva preoccupata e resa di nuovo tesa e nervosa, perché aveva ripreso il ciclo vizioso del "pensare". Ribadii la necessità di distrarsi, replicando che sapevo quanto fosse difficile abituarsi di punto in bianco a pensare in positivo: occorrevano tempo, lavoro e una capacità di controllo difficile da acquisirsi, ma doveva comunque provarci.

Le dissi che succedeva anche a me, per esempio, di non riuscire a dormire: allora tentavo di addormentarmi con l'autorilassamento, altrimenti mi capitava di accendere la televisione, di leggere un libro o di inventare qualcosa che mi tenesse occupato e poi, appena mi fosse venuto sonno, di tornare a dormire. Ma comunque certamente non restavo a rigirarmi nel letto aspettando un sonno che non veniva. Questo era quello che faceva lei: **aspettava, e nell'attesa l'ossessione aumentava**.

Le parlai di Siddharta, di tutte le vite che aveva vissuto in una sola vita, di quante cose noi tutti potremmo essere. Poi le proposi di risolvere il problema dello zio. Le consigliai di andare la domenica successiva dal padre e di raccontargli tutto. Avrebbe dovuto spiegargli che per lei era una cosa importante, una cosa che da tanto tempo voleva dirgli, ma stupidamente aveva sempre avuto paura che lui non avrebbe capito; poteva parlargli del fastidio che provava nel rivedere lo zio a casa sua, perché ogni volta riviveva quei terribili momenti; poteva parlargli del suo bisogno di essere protetta e della sua certezza che lui l'avrebbe aiutata. Lei non si mostrò molto disponibile a questo discorso, le affioravano alla mente mille dubbi: cosa le avrebbe detto o fatto? L'avrebbe accusata d'essere responsabile del gesto dello zio, perché un uomo non si comporta così se non è provocato.

Ribadii che il padre avrebbe avuto piacere nel sentire che lei si rivolgeva a lui per essere aiutata, perché è bello per un genitore sentirsi importante e necessario.

Ci lasciammo che non era molto convinta; invece parlò con il padre, il quale, contro ogni sua previsione, non si arrabbiò con lei, ma semplicemente chiamò la madre e le comunicò che non gradiva più la presenza di suo fratello nella propria casa.

Questo comportamento del padre fece fare un grosso salto di qualità alla terapia, innanzi tutto perché lei **si rese conto che la visione del mondo che aveva avuto fino a quel momento poteva essere cambiata**. Capì che aveva fatto un passo avanti, che da sola non sarebbe mai riuscita a compiere, e che non avrebbe più dovuto subire la presenza dello zio. **Inoltre il giudizio su suo padre divenne positivo: aveva un amico in più**.

Le difficoltà comunque erano ancora tante: la principale era il problema dei pensieri ossessivi, che venivano innescati da fatti apparentemente banali. Ricordo un giorno in cui la vicina di casa le parlò di un sogno che prevedeva la morte di qualcuno. Subito riferì quel sogno a se stessa e immaginò la morte di qualcuno a lei caro: come al solito il marito. Si sentiva cattiva, colpevole, perché, secondo lei, i sogni erano sempre premonitori. Cercai di riportarla alla realtà, spiegandole che il sogno è un'elaborazione dell'inconscio totalmente personale, per cui nessuno può sognare per gli altri. Sdrammatizzai dicendo che certamente la vicina di casa aveva mangiato pesante. Le parlai dei messaggi subliminali che vengono raccolti dalla nostra mente inconscia e che nel sogno vengono poi elaborati come in un film, ma si tratta sempre di qualcosa che riguarda chi fa il sogno, non gli altri.

In ogni caso, **doveva interrompere il ciclo dei suoi pensieri ossessivi. Doveva partire dal soggetto, dall'io, dall'io penso: "sono io che non devo pensare, sono io che non posso e non devo pensare e per non pensare devo distrarmi e devo fare tutte quelle cose che permettono alla mia mente di distrarmi"**.

I suggerimenti si inserivano, ora, in un contesto che aveva subito molte modificazioni positive; Cinzia, infatti, aveva iniziato un rapporto d'amicizia con tre vicine di casa sue coetanee, per cui i suggerimenti su come distrarsi potevano essere messi in pratica. Ora vi era una realtà diversa, che aveva in sé delle potenzialità che potevano essere sviluppate. La paziente cominciò a uscire con queste nuove amiche e fu coinvolta nella loro vita. In particolare, una vicina aveva avuto un bambino con il quale lei giocava molto volentieri. Questa poteva essere un'esperienza utile per un discorso successivo, per una di quelle cose che avrebbe voluto

realizzare in futuro, anche se non si sentiva ancora pronta: la maternità.
Le dissi che quando fosse arrivato il momento opportuno lo avrebbe capito da sola. Quando si fosse sentita in grado di dominare se stessa, sarebbe riuscita a dominare anche le situazioni più difficili e complesse che richiedevano armonia e serenità, come quella di diventare madre.
Preferivo farle salire quella scala a piccoli passi, in modo che, senza rendersene conto, sarebbe arrivata in cima senza porsi il problema del come e del quando. Doveva guardare con piacere alla strada che aveva percorso.
Il marito fu utile per le ulteriori fasi della terapia: d'accordo con quanto facevo, la stimolava a seguire tutto ciò che le proponevo; non pensare, uscire, distrarsi, riempire la giornata fino a quando lui non fosse rientrato, momento in cui avrebbe potuto ascoltare i suoi problemi. Se le veniva in mente un pensiero ossessivo sul marito, poteva "congelarlo", distraendosi fino al ritorno di lui, la sera.
Le amiche e il marito avrebbero costituito l'altro elemento del dialogo, avrebbero interrotto il monologo con se stessa, diventando il soggetto e l'oggetto della discussione. Era ora che lei si confrontasse con la realtà, e la realtà era di discutere qualsiasi problema con un'altra persona. Così poteva uscire dal suo meccanismo vizioso, che la portava a sentirsi impotente.
È diverso discutere con se stessi, seguendo un filo logico solo negativo che trae questa negatività dalle esperienze, a loro volta negative, vissute nel passato. È necessario il confronto con gli altri, è necessario apprendere diversi punti di vista, vedere le cose diversamente, con un sorriso, in modo meno drammatico. Nel confronto con gli altri cessava di alimentare i suoi pensieri di paure. Introduceva una variante positiva, il pensiero degli altri.
A questo punto della terapia mi occupai progressivamente di neutralizzare le sollecitazioni negative che ancora emergevano dal suo passato. Le dissi che al prossimo incontro con la nonna, prima che quella avesse avuto il tempo di snocciolarle il solito resoconto sulle disgrazie e sui necrologi, lei avrebbe dovuto fermarla, dicendole: "Se mi vuoi bene, come io ne voglio a te, la devi smettere di rompere con tutte queste cose che mi mettono in crisi, oppure non tornerò più qui". Lei lo fece e la nonna, da quel giorno, la piantò con i necrologi e le disgrazie.
Questo fu un altro angolo smussato nella lenta salita della paziente, che comunque già poteva guardarsi indietro e considerare con piacere diverse esperienze positive.
I cambiamenti erano lenti ma decisi: Cinzia era passata da una visione della realtà univoca e totalmente negativa, a una realtà più possibilista, nella quale si inserivano le sue esigenze di una visione del mondo completamente positiva, che ben si compenetravano con la mia azione tesa a offrirle diversi piani di valutazione della realtà delle cose.

Continuai per un certo periodo a farle leggere libri e a farle vedere trasmissioni "protette", poi, quando mi accorsi che affrontava queste cose con maggior senso critico, allargai progressivamente la sfera di ciò che occasionalmente poteva leggere o vedere.
Le dissi: «Magari può capitare che tu vada a trovare un'amica che sta guardando una cosa che tu normalmente non vedi e non vuoi vedere. Non puoi spegnere il suo televisore, per cui in quel momento devi accettare quello che vedi, e devi saperlo prendere nel modo giusto, **considerando che quello che ti viene dato è solo un punto di vista, cui tu devi rispondere con un tuo punto di vista**. Inoltre, grazie alla presenza dell'amica, puoi rimuovere, parlandone, quello che di negativo ti è rimasto dentro». Cercai di instradarla su una via di normalità, che includesse anche gli elementi negativi, quotidiani nella vita di ognuno, e che tutti noi impariamo, in qualche modo, a superare e a evitare.
Le feci l'esempio dei due vestiti: io ne possiedo uno bellissimo in cui mi sento a mio agio, in cui mi sento ancora più bello, e so che camminando per la strada mi guardano e mi sorridono; so che indossandolo mi sento più sicuro. Ma poniamo il caso che questo vestito si sporchi e io debba lavarlo, e magari che io ne abbia solo un altro vecchio e fuori moda: io posso indossare questo vestito che non mi sta bene, tanto so che lo indosso solo per il tempo necessario perché l'abito bello sia asciutto. Il fatto di indossarlo solo temporaneamente e non per sempre mi fa sentire meno questo peso. Se questo vestito che non mi piace mi dà un senso di insicurezza, è un senso d'insicurezza limitato e controllato, basta pensare che so che lo porterò soltanto fino a domani, quando finalmente potrò riappropriarmi del vestito che mi fa sentire bene.
«**Tu hai imparato a non indossare più l'abito che ti fa sentire a disagio**» le dissi «**e ormai non puoi più tornare indietro; quindi, anche se un giorno ti capiterà di indossare l'abito che non ti sta bene, lo indosserai in modo diverso, con spirito nuovo, perché a quel punto l'abito non ti condizionerà più, sarà solo un ripiego momentaneo.** È diverso dover per forza indossare l'abito che ti sta male e non avere altre prospettive, dal fatto di indossarlo solo temporaneamente».
Ora vi erano diversi elementi di sicurezza in Cinzia: aveva superato il trauma della fanciullezza, aveva trovato nuove amiche, aveva sperimentato la possibilità di fare tante e nuove cose, gestendo bene le sue paure, anche se queste potevano a volte riaffiorare. Sulla paura ritornai più volte nel corso dei nostri incontri; le parlai del soldato in guerra, immobilizzato nella buca scavata dalle granate, con la faccia nel fango, mentre le pallottole gli fischiano sopra la testa. Lui a un certo punto sguaina la spada e parte all'attacco, perché non sopporta più di aspettare la morte che può venire in qualsiasi momento, vuole farla finita, ed è talmente inaspettato il suo attacco che uccide i nemici e diventa un eroe, vincendo così la

sua paura. Bisogna gestire la paura: **piuttosto che star lì a subirla e farsi rosolare da questo fuoco lento, è preferibile andare oltre e affrontarla**.

Dissi: «**Non devi mai avere paura della paura**. E se questa ti assale devi fare qualcosa per combatterla, affinché l'elemento che l'ha scatenata finisca.

È un po' come quando sei nella stanza da letto e senti dei rumori nel soggiorno. Ammettiamo che ci sia veramente un ladro. Hai tante possibilità di azione senza bisogno di angosciarti, senza pensare alla paura. Il modo negativo sarebbe quello di subire questa paura aspettando che tutto succeda e che mentre succede si accavallino in te i pensieri sempre più forti e negativi sulle cose terribili che ti potranno succedere.

Il modo peggiore per gestire una situazione di questo tipo è di aspettare che il ladro entri nella stanza: non c'è alcuna posizione nel letto, nemmeno la più nascosta, che ti protegga da quella situazione di pericolo e di paura. Il ladro può entrare, può fare del male a te e a tuo marito.

Tu invece puoi affrontare in tanti modi questa situazione: puoi chiudere a chiave la porta che divide la stanza da letto dal soggiorno, puoi anche metterci il comò davanti in modo che lui non possa entrare.

Se affronti in modo critico la paura puoi trovare tante soluzioni: puoi prendere il telefono e chiamare la polizia; puoi aprire la finestra e chiedere aiuto, oppure puoi scappare; puoi svegliare tuo marito e prendere il fucile che tiene nell'armadio e fare scappare il ladro; puoi semplicemente accendere la radio, alzarne il volume al massimo in modo che il ladro scappi. E magari, dopo tutta la confusione che hai fatto, puoi piacevolmente scoprire che non c'era nessun ladro, ma era quel teppista del gatto, che faceva rovesciare gli oggetti nel soggiorno.

La paura è un fatto umano, è un fatto normale della nostra vita, ed è altrettanto normale che questa paura tu la domini e la controlli. Puoi avere paura di attraversare la strada, ma avrai certamente meno paura se l'attraversi lungo le strisce pedonali, dove magari c'è un semaforo. Potrebbe persino capitare che una macchina folle arrivi sulle strisce pedonali senza fermarsi; certamente però le probabilità aumentano se attraversi l'autostrada in pieno traffico, magari a occhi chiusi, e dove non hai alcuna autorizzazione a passare, perché non ci sono strisce né semafori.

Puoi avere paura ad attraversare la strada, ma se lo fai in una situazione protetta, in una situazione in cui hai molti elementi a te favorevoli, puoi riuscire a controllare la situazione.

Certo la paura rimane, ma dopo aver attraversato la strada, puoi tirare un sospiro di sollievo e dire a te stessa che ce l'hai fatta, e poi ripetere quell'azione finché alla fine della giornata l'esperienza accumulata in quel giorno si trasferirà al giorno successivo.

Ti renderai conto di poter fare queste cose, e ogni volta le farai con un po' di paura, ma con il tempo, dopo settimane o mesi, attraverserai la strada senza neanche renderti conto che potresti avere paura. **La paura sarà solo un ricordo, perché dentro di te avrai sostituito alle esperienze negative di sempre quelle nuove, positive**, che diventeranno dei fatti assodati, dei fatti sicuri».

«Tu sei come una bambina» le dissi **«che ha sempre giocato con dei giocattoli che non le piacevano e quindi si è sempre sentita infelice.** Ora puoi giocare con delle cose che ti fanno piacere, con le bambole giuste, quindi puoi accumulare in te momenti di soddisfazione e di piacere.

Un po' alla volta, questi prima pareggeranno, poi annulleranno completamente tutta la tua insoddisfazione e i tuoi dispiaceri precedenti. Man mano che farai queste cose potrai anche cercare, e non solo quando ti verrà in mente qualcosa di negativo, di pensare ad altro o di occupare come preferisci il tuo tempo. Potrai addirittura ricordare tanti avvenimenti del tuo passato recente che saranno sempre più positivi.

È sempre comunque meglio non farsi mai trascinare dall'ondata di pensieri neri, specialmente per quel che riguarda il presente e l'immediato futuro. Infatti, tante volte pensando intensamente a una cosa finisco per rovinare gli avvenimenti reali che poi seguiranno a questi pensieri.

Mi spiego: io magari penso alla serata che passerò con Maria, che appena conosco. Non so ancora dove portarla. Potrei invitarla nel mio appartamento. Lei potrebbe accettare, ma una volta lì, cosa faremmo? Non mi sento ancora maturo per essere padre. E se rifiutasse?

Meglio portarla a cena, mangiare, bere dello champagne; dopodiché lei sarebbe molto felice, potrebbe guardarmi con gli occhi lucidi, potremmo tenerci per mano. Poi potrei portarla in macchina e lì baciarla.

Questo è un pensiero positivo, che però riguarda un avvenimento che non si è ancora verificato; è un pensiero che può condizionare la realtà successiva, e questo io lo vedo in un modo critico».

Le spiegai anche il perché. «Finalmente arriva la sera dell'incontro con Maria. Se tutto il giorno sono stato a pensare a queste cose, finisce che arrivo alla serata non più spontaneo, ma carico di programmi e di idee che, se non si verificano, mi mettono in crisi e in situazione di disagio. Poniamo che io arrivi da Maria, la inviti a cena come ho programmato e lei mi risponda che ha già mangiato. Mi prende il panico, perché mi sono costruito una tale concatenazione di idee e di avvenimenti che senza la cena non so più cosa fare. Se a quel punto torno all'idea originaria, la invito nel mio appartamento e lei rifiuta, la serata è finita. Invece devo affrontare il pensiero dell'appuntamento in modo normale, e per normale intendo il fatto di dire a me stesso: "Sono felice perché stasera vedrò Maria. Cosa succederà e cosa non succederà lo vedremo questa sera".

Voglio dire che se io presto attenzione agli avvenimenti, agli occhi di Maria, a quello

che mi dice Maria, ciò che seguirà verrà determinato da tutti e due, non solo da me.
È un po' come quando tu pensi da sola, da sola entri in un tunnel limitato, in un vicolo cieco in cui c'è solo il tuo tipo di visione della realtà. Solo da un confronto con un'altra persona nasce qualcosa che può essere utile per entrambi, e può portarti a salire quella famosa scala in cima alla quale noi dobbiamo arrivare, lentamente o velocemente, come preferisci».
Le sedute cominciarono a diradarsi. Lei riusciva ad affrontare, da sola o con gli altri, i problemi che si presentavano.
A volte era sufficiente parlarle al telefono per risolvere qualche dubbio. Spesso prendeva un appuntamento che poi annullava all'ultimo momento perché il problema si era risolto da solo, oppure se lo era addirittura dimenticato. Finché un giorno mi disse che le sembrava giunto il momento di avere un figlio. Però aveva un dubbio: si sentiva ancora molto bambina.
Le dissi che in fondo il fatto di sentirsi bambina non disturbava il suo desiderio di essere madre, poteva anzi essere un grosso vantaggio. Spesso gli adulti si allontanano talmente dalla loro realtà infantile, dai giochi, dal modo di vedere la vita in maniera semplice e naturale, che non riescono a capire i bambini.
Era bello una volta giocare insieme, era bello scoprire le cose insieme.
«Tu sarai la compagna di giochi ideale per tuo figlio o tua figlia. In ogni caso poiché avrai a che fare con un essere che da te si aspetta tutto, e vuole tutto, dovrai per forza crescere insieme a lui, perché gli avvenimenti lo richiederanno. Non potrai mai più lasciarti andare ai tuoi pensieri, come ti lasciavi andare un tempo. Dovrai per forza prendere in mano la situazione. La giornata sarà piena di impegni e passerà più velocemente. Arriverà poi la sera quando tuo marito potrà aiutarti. Ti sentirai veramente utile a qualcuno, a qualcuno che appartiene a te, che tu hai fatto con amore e con desiderio, e hai fatto tanta strada per arrivarci».
Entrò in gravidanza. Ebbe qualche difficoltà nei primi mesi; ebbe timore che il bambino morisse, timore di abortire. Era lo stesso tipo di dubbi che lei aveva comunque già risolto, ma voleva solo una mia ulteriore conferma. Le dissi che piccole ansie e piccoli timori in gravidanza sono del tutto normali, che questa è un'esperienza nuova di fronte alla quale ci si trova impreparati, ma gli opportuni controlli ed esami potevano risolvere tutti i dubbi. Quando sentì i primi movimenti fetali si riempì di gioia e visse quei momenti senza dubbi, in modo completo e appagante. Verso la fine della gravidanza si intestardì a volere il taglio cesareo perché aveva paura di non riuscire a partorire per via naturale, e perché temeva il dolore.
Le dissi che poteva scegliere, non c'era niente di male nel fare il taglio cesareo, però potevamo risolvere il problema in un altro modo. Le proposi di insegnarle a spingere,

a fare passare il bambino in un canale che apparentemente, a rigore di logica, non permetterebbe questo.
Facemmo alcune sedute d'ipnosi in cui le spiegai come concentrarsi sul suo utero, sulle contrazioni espulsive che avrebbero permesso l'avanzamento del feto al momento del parto, la invitai a visualizzare e a sentire questi avvenimenti in modo piacevole, ascoltando il ritmo della mia voce. Non necessariamente il dolore doveva accompagnare una gioia così grande, come quella di essere madre. Noi possiamo fare qualcosa per questo e, se possiamo farlo, è giusto farlo.
Vi fu un altro momento difficile verso la fine della gravidanza, quando mi chiese se potevo essere presente durante il parto per poterle fare l'ipnosi. Io purtroppo non avevo delle conoscenze dirette e personali nell'ospedale in cui lei avrebbe partorito che mi permettessero di essere presente. Le dissi che il marito poteva aiutarla, e lei poteva insegnargli come.
Al momento del parto doveva concentrarsi sulle contrazioni propulsive e così facendo non avrebbe sentito dolore.
Le ripetei più volte un'altra cosa, sia in ipnosi sia in veglia: in caso di difficoltà, ma anche nell'evolversi normale degli avvenimenti, tutto quello che le avrebbero detto le ostetriche lo avrebbero detto per il suo bene. Doveva e poteva abbandonarsi completamente a quello che le avevo insegnato, e anche alla competenza e professionalità delle persone che avrebbe incontrato in sala parto, che avrebbero fatto tutto per il bene suo e del suo bambino. Alcune settimane dopo venne nel mio studio il marito, raggiante per la nascita del figlio. La moglie, mi raccontò, era stata bravissima, si era gestita molto bene e aveva affrontato le cose con grande maturità.
A un anno da questi avvenimenti, ho rivisto la paziente due volte, per piccoli e normali timori che fanno parte del vissuto di ognuno, e per una puntualizzazione della situazione, che comunque non aveva più bisogno di conferme.
A ogni Natale, da dieci anni Cinzia si ricorda di telefonarmi per gli auguri. Al telefono mi racconta qualcosa di sé, mi parla dei suoi problemi. Quando le propongo di incontrarci per discuterne insieme, mi risponde che non sono poi così gravi e che quindi non lo ritiene necessario. Ha bisogno solo di piccole conferme. Ho visto il piccolo. È uno splendido bambino molto sereno ed equilibrato.
Forse si può considerare che ci sia stato un "azzardo" nel portare una persona, classificabile fobico-ossessiva, alla gravidanza, ma alla luce dei risultati e della situazione di benessere in cui si ritrova la paziente a distanza di tempo dagli avvenimenti che ho riportato, devo dire che sono soddisfatto. E se la giustezza della terapia "per quel paziente" si giudica dai risultati, credo di avere operato per il meglio.
Indubbiamente aveva dei disturbi psicotici, di solito considerati inguaribili, in cui il de siderio della gravidanza sembrava del tutto

irrealizzabile, ma nel tempo la terapia del "passo dopo passo", con lo sviscerare i singoli problemi, con l'unione di tutti i pezzi del mosaico, a volte privi di un apparente significato, in un'immagine sempre più completa, aveva portato Cinzia a salire "la sua montagna" e finalmente a poter ammirare la vista che si gode da lassù. La più grossa difficoltà fu la demolizione delle componenti fobiche e ossessive, ma attraverso una graduale ristrutturazione positiva del suo vissuto negativo, la gravidanza diventò uno dei premi promessi e mantenuti dalla terapia.

Tutto questo mi fa trarre la conclusione che non sempre un caso grave e difficile sia insolubile e inguaribile. Incasellare una persona in una diagnosi senza speranza può condizionare negativamente la sua vita e le possibilità di cura.

LA PREPARAZIONE AL PARTO

La preparazione al parto di Cinzia si svolse in un modo che può essere utile ricordare a tutte le altre donne che si accingono a un simile evento. In realtà l'induzione per la preparazione al parto può adattarsi a molti altri scopi, introducendo le debite varianti, in quanto il linguaggio dell'induzione è volutamente vago in modo da lasciare ampia scelta alla persona, che può prendere quello che le serve tralasciando il resto.

La nostra anima prende ciò che le serve e lo elabora a modo suo.

«Adesso, ascolta la mia voce che giunge direttamente a te come una voce amica. Occorre un tempo per ogni cosa, e ora il giusto tempo sta per arrivare. Adesso, se vuoi, puoi chiudere gli occhi per concentrarti meglio... Puoi estraniarti da tutto quello che ti circonda, in modo da poter svolgere al meglio le cose che ti accingi a fare. Può essere necessario imparare molte cose che potranno essere estremamente utili per te stessa e per il bambino che cerchi di proteggere. A volte ci sono delle piccole paure che possiamo sciogliere con un sorriso. L'utero resiste a ben altre sollecitazioni e te lo dimostra ogni giorno facendoti sentire il tuo bambino che si muove dentro di te. Tutto si muove dentro di te, il tuo intestino, il tuo utero, il tuo bambino, perché il movimento è vita. Vorrei che ascoltassi quei movimenti, preludio di corse affannate e di tante gioie. Il tuo bambino dentro di te sta sorridendo alle tue piccole paure, perché si rende conto che sono fatte apposta per proteggerlo. Il tuo bambino sa benissimo che per te è un'esperienza nuova. Lui sa che tu gli sei vicina e lo ascolti, lo senti e lo ami in qualsiasi momento del giorno e della notte.

Molto bene. Ora ti stai accorgendo che qualcosa di meraviglioso sta iniziando dentro di te, sta iniziando un viaggio nuovo alla scoperta di cose nuove e tu puoi lasciarti andare completamente per poter meglio ascoltare, percepire e immaginare. Adesso sei pronta a imparare... Tu non sai ancora tutto quello che potrai imparare e ti accorgerai con stupore di quanto puoi realizzare. Ogni parte di te, ogni tuo organo funziona alla perfezione, con naturale armonia, senza che tu faccia assolutamente nulla. La tua mente profonda, che regola il tuo camminare, il battito del tuo cuore, il respiro dei tuoi polmoni, i movimenti del tuo intestino agirà anche sul tuo utero dandogli i tempi e i modi giusti per permettere alle contrazioni propulsive di portare il tuo bambino dove tu lo attendi... La tua mente profonda sa come fare, e allora lascia che sia... Lascia che tutto avvenga perché deve avvenire. E tu partorirai con profondo benessere, sapendo che tutto il tuo corpo e tutte le persone che sono intorno a te lavorano per il bene tuo e del tuo bambino. Sentirai solo le contrazioni fisiologiche necessarie per far nascere il bambino. E ogni contrazione sarà un centimetro in più che la tua creatura compierà... È una piacevole discesa, che lui compierà senza alcuna fatica. A volte la fatica nasce dal trattenersi e dal non lasciarsi andare, ma tu oramai hai imparato e ora puoi insegnarlo anche a lui. Adesso tu puoi cominciare a imparare quello che ti servirà al momento del parto, al momento in cui quei movimenti che ora senti dentro di te avranno un significato diverso. Saranno movimenti più intensi, perché con quei movimenti il tuo bambino ti avviserà che è giunto quel particolare momento. Il tuo utero comincerà a contrarsi, e a ogni contrazione il tuo canale del parto comincerà ad allargarsi per permettere il passaggio del tuo bambino. Tu potrai aiutare quel passaggio, quel viaggio, semplicemente non ostacolando le spinte propulsive che daranno luogo alla dilatazione. Puoi concentrarti sulle tue pareti e lasciare che naturalmente si allarghino. Seguendo la spinta delle contrazioni propulsive del tuo utero si allargheranno sempre di più... Qualora qualche piccolo dolorino dovesse comparire, potrai visualizzare le pareti del tuo canale del parto e dilatarle ancora di più, in modo da rendere agevole il passaggio della tua creatura, il tuo sogno che diventa realtà.

E queste mie parole scenderanno piacevolmente nella tua mente profonda e diventeranno le tue. E scendendo ancora più profondamente avvolgeranno il tuo bambino come un'aura protettiva che lo sosterrà in questo viaggio. Ora riposa tranquilla, ora che sai come fare. E altre cose imparerai ancora da qui al momento della realizzazione del tuo desiderio.

Adesso vorrei insegnarti a fare a meno di me, a fare a meno, quando non ci sarò, della mia voce. La mia voce resterà nella tua memoria e non la dimenticherai. La mia voce vorrà dire tranquillità, vorrà dire sicurezza. Ora è arrivato il momento del risveglio da questa esperienza nuova, che vedo, dall'espressione dolce del tuo viso, ti ha soddisfatta completamente. Vorrei che tu imparassi a fare tutto questo da sola.

Ascoltami. Adesso conterò lentamente dal dieci all'uno, e dolcemente questo stato si dissolverà come neve sotto i raggi del sole. Al numero uno aprirai tranquillamente

i tuoi occhi e ti sentirai piacevolmente serena, come dopo un sonno ristoratore. Molto bene. Tutto è stato fatto. Adesso lo farai da sola. Sentirai nella tua mente profonda la mia voce. Quando la sentirai chiuderai il tuo pugno. Sì, così, molto bene. E insieme al tuo pugno si chiuderanno i tuoi occhi e tu ti ritroverai, contando dall'uno al dieci, in quello stato di profondo benessere che hai conosciuto prima, per realizzare le stesse cose che hai realizzato prima, magari in modo ancora più appagante e completo, perché forse la prima volta che facciamo le cose abbiamo ancora dei piccoli dubbi, che poi se ne vanno man mano che ci rendiamo conto come tutto è così facile e appagante.
Molto bene. Quando vorrai uscire da questo piacevole stato, che vedo hai raggiunto pienamente, sarà sufficiente che nella tua mente profonda tu conti dal dieci all'uno. Mentre conti puoi lasciare che le me mani si aprano lentamente a ventaglio e tutto sarà come prima. Anzi, ci sarà qualcosa in più rispetto a prima, perché sarai piacevolmente sveglia, e avrai dentro di te un'esperienza nuova, che ti permetterà di affrontare serenamente il desiderio e molte altre cose ancora che scoprirai negli anni a venire. Molto bene. Ora lo potrai rifare a casa. Potrai contare tu, secondo i tuoi ritmi e i tuoi desideri, oppure se lo desideri potrai fare contare a tuo marito. La sua voce sarà molto simile alla mia e forse tu potrai identificarti ancora di più in lui. E sarà come se lui entrasse in te, nel tuo profondo, per lasciare dentro di te la sua aura positiva e di piacevole sicurezza. Non solo assisterà al parto, ma sarà parte di te. E anche per lui questa diversa e nuova esperienza sarà piacevole e appagante, e capirà ancora meglio il tuo meraviglioso mondo interiore che ti ha permesso di arrivare dove volevi arrivare, in cima alla tua montagna, dove la vista è impagabile e dove il passato e qualunque altra cosa ti turbava non sono altro che un piccolo puntino che oramai, di lassù, non riusciamo più neppure a decifrare. Non preoccuparti, abbiamo ancora tanto tempo davanti a noi. Nelle sedute che faremo in futuro renderemo tutto questo ancora più facile, e tu che sei donna mi insegnerai ancora le tante cose che non so».

LA REGRESSIONE

La regressione è una forma particolare di ristrutturazione. È una distorsione temporale, nella quale si va a cercare **nel passato di una persona elementi e situazioni che possono essere modificati**. È la ricerca di esperienze perdute nel nostro inconscio, che si vogliono di nuovo portare a livello della nostra coscienza. **È un tornare indietro per guardare di nuovo**, magari da un altro punto di vista. È il film della propria vita.
Molte volte il nostro inconscio ci protegge senza che noi gli chiediamo nulla, stendendo un velo su un passato che è stato causa di sofferenza. In tal caso, rimuovere quel velo e riportare questa conoscenza inconscia a li-

vello cosciente potrebbe essere inopportuno e non vantaggioso per la persona. Il terapeuta deve sempre valutare questa possibilità. La regressione non deve diventare una dimostrazione di potenza da parte del terapeuta o una prova spettacolare, ma un atto terapeutico volto ad aiutare la persona a ricordare o a dimenticare, a seconda delle circostanze.
È sempre bene seguire il ritmo naturale delle cose, il ritmo naturale del nostro corpo e della nostra mente inconscia. La nostra mente inconscia sa proteggersi da sola, quando noi la lasciamo lavorare.

RIVEDERE E RISOLVERE UN PROBLEMA DEL PASSATO

Sonia mi chiese se era possibile rivedere un problema del suo passato, per poterlo risolvere. Sonia non desiderava comunicarmi la natura del suo problema. Mi disse soltanto che le causava un profondo dolore, e che ogni volta che ne aveva parlato con qualcuno, quel dolore si era acuito. Mentre parlava, il movimento dei suoi occhi andava sul canale percettivo sensoriale.
Le risposi che potevo proporle il problema in un altro modo e farglielo valutare da altri punti di vista. Cominciai: «Ora puoi stenderti tranquillamente... puoi fare un bel respiro profondo... Forse se allunghi le gambe... puoi sentirti più comoda... Molto bene... C'è qualche posto che tu conosci... oppure l'idea di qualche posto... in cui ti piacerebbe ritrovarti? Magari... per lasciarti andare ancora di più... Ci sono tanti posti belli al mondo... Molti di più di quelli che riusciremo mai a vedere... Hai mai fatto le capriole in un prato? Hai mai guardato il mare dall'alto delle rocce? Una volta ho guardato dall'alto delle rocce... la spiaggia di Omaha, in Normandia... Mi ha colpito il luogo e non solo per il mare... ma per tante altre cose che mi affioravano alla mente... Ma... non occorre andare così lontano per ricordare... Esistono tanti altri luoghi per ricordare... Ti piace il mare?».
Sonia mi fece un cenno affermativo con la testa. Io ripresi: «Molto bene... Ti piace il mare quando c'è quella dolce brezza... che ti accarezza i capelli e ti modella il viso come se fosse di creta? Guarda... nella direzione del mare... Guarda... quella riga tra il blu del mare e il blu del cielo... Quella riga, a volte, sembra immaginaria... perché si confonde nella lontananza... Ora appoggio la mia mano sul tuo diaframma... che si abbassa e si solleva, come la superficie del mare... Molto bene... Ora... puoi fare ancora un bel respiro profondo... così l'ossigeno che entra insieme ai tuoi respiri... scende giù lentamente nella trachea, nei bronchi... che assomigliano alle radici dell'albero della vita... e poi ancora più giù nel grande spazio dei polmoni... Prima... lo sentivi il sapore dell'aria nella tua bocca? Lo sentivi l'odore nelle tue narici? Non occorre che tu mi risponda ora... puoi dirmelo benissimo più tardi... perché hai

tutto il tempo che ti occorre per fare le cose... Molto bene... Ora lasciamo la superficie e torniamo laggiù nei polmoni... dove l'ossigeno che entra con l'aria dei tuoi respiri si mischia al tuo sangue... E quel sangue percorre il tuo corpo come un torrente a primavera... pulisce... rimuove tutto quello che trova sul suo cammino... Ora contando i tuoi respiri... contando uno puoi lasciarti andare sempre di più... e se ti piace... lasciarti prendere dalla corrente... Il tuo corpo resta dove vuole restare... a godersi il massaggio della corrente... mentre i pensieri se ne vanno via senza alcun rimpianto... Se vuoi... contando due, puoi chiudere gli occhi... guardando quel mare che... prima di essere mare... era qualche altra cosa... forse fiume... e prima ancora torrente... Se chiudi gli occhi lo puoi vedere meglio... attraverso la tua mente profonda... notando particolari sfumature... che non hai mai notato prima... Non preoccuparti del tuo braccio... che penzola dal bordo del divano... Lascia che segua il suo desiderio... come tu stai seguendo il tuo... E seguendo l'impalpabile ritmo del tuo corpo... puoi lasciarti andare sempre di più... Molto bene... Ora puoi contare tre... e puoi... se ti va... camminare nell'acqua e sentirti leggera come non mai... e puoi guardare il colore delle tue gambe, dei tuoi piedi, delle tue mani... e scoprire piacevolmente il tuo corpo... sentendo gli spruzzi dell'acqua sulla tua pelle... Molto bene... Nel tuo viaggio... puoi essere da sola e forse, a volte, è preferibile esserlo... per ricordare meglio le cose... oppure ci puoi mettere dentro altre situazioni, altre persone... che, magari, possono aiutarti a risolvere... a sciogliere altre cose ancora... Strada facendo vengono in mente tanti desideri... tante voglie...

Ora conteremo fino al dieci... partendo dal punto in cui sei ora... e al dieci avrai completato il tuo viaggio... Al termine del viaggio, conteremo all'indietro dal dieci all'uno... e ti ritroverai qui, dove sei adesso... È un biglietto di andata e ritorno... Molto bene... E potrai vedere sempre di più, sempre più lontano... oltre il limite delle cose... oltre quella linea dell'orizzonte... e forse ancora più in là...

Ora possiamo contare uno... e al numero uno, puoi tornare a guardare di nuovo... verso il punto da cui sei partita... per cercare un riferimento dove ritornare... sì, proprio là, sulla riva della spiaggia e prima ancora su questo divano... Molto bene... Guardati intorno... guarda quante cose puoi trovare in quello che le onde lasciano sulla spiaggia... Il tempo che passa cambia tutto e anche noi cambiamo...

Ora puoi contare due... e lasciare su questo divano, dove sei comodamente distesa, tutte le tue tensioni... e viaggiare con la mente profonda, quella che non ci delude mai... È come un catamarano che ci porta sempre a destinazione... oppure... Mi fai cenno di no. D'accordo, allora portati dietro anche il tuo corpo e approfitta del viaggio... E puoi portarti dietro... tutto quello che nel tuo corpo ti disturba... e disperderlo nel vento... oppure

scioglierlo al sole, lavarlo e pulirlo... ascoltando suoni e parole dimenticate...
Ora puoi contare tre... e al tre, in quel particolare tempo, in quella particolare spiaggia... puoi pensare a com'eri e a come sarai... Puoi fare un salto nel tuo futuro e ritrovarti come sarai... e guardare alle cose di adesso con diversa comprensione... con la maturità che nasce dall'esperienza reale di quello che è già accaduto...
E al numero quattro... magari, puoi pensare... "Se sapevo che tutto era così facile... l'avrei fatto prima..." Ma ogni cosa deve aspettare il suo giusto tempo... Molto bene... Vedo dall'espressione del tuo viso che sei soddisfatta per qualche cosa che... magari comincia a sistemarsi... Forse non è proprio ancora così... ma la strada comincia ad allargarsi... e tu puoi vedere molto di più di quello che vedevi prima...
Ora al numero cinque... puoi vedere il film della tua vita e rallentarlo... rivederlo nei momenti belli... quelli che passano troppo alla svelta... Approfitta, ora, per fermarli... e per godere ancora di più della tua esistenza... e per trarre da quei momenti belli... forza, sorriso e linfa vitale per l'albero della tua vita... Negli altri momenti invece... che chiameremo X... puoi accelerare la velocità di scorrimento della pellicola e poi passare alla scena successiva... È bello lasciarci alle spalle una stazione... nella quale non scenderemo mai più... mentre il treno riprende la sua corsa... Ora, se vuoi... se ti serve ancora... magari per sistemare anche i piccoli particolari delle cose... puoi contare sei... e al sei, ti puoi vedere nel passato... quando X... non era ancora nato... Magari, se tu avessi avuto l'autostrada di adesso... magari, percorrendo altre strade... chissà, tutto sarebbe cambiato...
Ora puoi contare sette... e chiederti... "Chissà quando è iniziato X?" Forse un attimo prima o forse un attimo dopo... A volte gli attimi sono lunghi come anni... a volte gli anni passano con la velocità di una folata di vento e non ne resta neppure il ricordo... Molto bene... Ora puoi contare ancora, sul ritmo dei tuoi respiri... Puoi contare otto... e, magari, semplicemente per il tuo piacere... tornare indietro nel tempo... e colorarlo con i tuoi gessetti colorati... come quando da bambina eri di fronte a quella nera lavagna... Con i colori... l'immagine, che vedevi, cambiava... e anche tu cambiavi, imparando a disegnare... Quante cose abbiamo imparato da bambini... e quante cose abbiamo dimenticato di avere imparato... E quanti altri ricordi abbiamo che non ci servono più... Ti ricordi ancora il colore del tuo grembiulino in quel particolare giorno di scuola? Dov'era la lavagna? Se non la vedi... puoi fare un passo in avanti... oppure indietro, per mettere meglio a fuoco e per meglio avere una visione d'insieme delle cose... valutando anche altri elementi di quell'aula che prima non notavi... Forse i ricordi di tanti momenti... e forse anche di X... erano solo pura immaginazione... Niente di più... di quello che stiamo facendo ora... Molto bene...

Ora potremmo, contando nove..., sistemare anche gli ultimi dubbi, le ultime incertezze... A volte, ci sono dei momenti in cui ci soffermiamo... ricordando un altro tempo e un altro luogo... Puoi ancora guardare verso il mare... e guardare quelle onde... Se vuoi... ogni onda che s'infrange sulla riva... è un anno della tua vita... che inizia dalla linea dell'orizzonte, laggiù in fondo... Molto bene... Quando avrai contato le onde... che ti permettono di rivedere X... puoi terminare di guardare... oppure andare sull'onda precedente... e cambiare tutto prima che succeda... oppure lasciare che l'onda successiva... sì, quella alta laggiù... sommerga tutto e cancelli X... E poi, il mare ritorna improvvisamente calmo... come se nulla fosse mai successo nella tua vita... E se non ti basta ancora... puoi tornare ancora più indietro... e davanti a quella lavagna... cancellare quel piccolo scarabocchio... che rovinava il tuo bel disegno... Magari, contando finalmente dieci... Lo so che il cancellino è pesante per quelle tue piccole mani... Quante cose sembrano in un modo... e poi invece sono tutte in un altro... Sembra pesante... ma poi, quando l'afferri... e con forza cancelli...».

Sonia ebbe un tremito. Potevano esserci delle difficoltà. Ricalcai quello che osservavo. «Molto bene... A volte, un tremito indica che le cose stanno passando via a folle velocità... Puoi farlo... perché non sei più in un vicolo come un tempo... ma nella tua grande strada, da cui hai mille possibilità di uscire, per riprendere fiato... Molto bene... Ma se lo ritieni... se ti può aiutare... io posso prendere la tua mano... E così possiamo farlo insieme... Ecco... cancelliamo insieme, con forza, quello scarabocchio... Ora non c'è più nulla... Il mare è calmo, il cielo è sereno... e tu puoi essere soddisfatta di te stessa e delle tue capacità... E se qualcosa fosse ancora rimasto... su quel piccolo segno, che solo tu vedi... puoi farci un altro disegno sopra... Sai, un tempo, ancora prima di X... facevano così anche i pittori... che dipingevano sopra un vecchio quadro... magari per risparmiare sulla tela... o per conservare la cornice che era ancora bella... Molto bene... Se sei così avara... conserva pure la cornice che vuoi... e cancella definitivamente il segno del vecchio scarabocchio... Come si chiamava... Y... o... forse? Con tutta la confusione che hai fatto... non si capisce più nulla... Sai che differenza c'è tra una tazzina di caffè e un vaso da notte? Noo!... Mi fai cenno di no! Ma se è così, che razza di casino hai a casa tua?»

Sonia sorrise. La battuta serviva per controllare se era sempre in comunicazione con me e anche, visto che c'erano tutti gli elementi per pensare che avesse già ottenuto gli scopi per cui era venuta, per farla progressivamente terminare, portandola a un livello di coscienza maggiore.

Continuai: «Molto bene... Ora possiamo ritornare... Possiamo contare nove... e poi otto... e, magari già che siamo lì... possiamo approfittare di questa opportunità... Ci sono esperienze perdute... esperienze che

possiamo sistemare in questo viaggio di ritorno... come quando si sgombera una vecchia soffitta... Fra tante cose da buttare... si trova sempre qualcosa che possiamo conservare... e portare giù nella stanza dove viviamo... e magari metterla nell'angolo più bello... E ancora, puoi renderti conto... nel tuo viaggio di ritorno... contando sette... e poi sei... che sei sopravvissuta a quella cosa là... perché qualche cosa ti ha protetto... ti protegge... e ti proteggerà ancora... Forse è il tuo angelo custode... o forse è semplicemente qualcosa che è dentro di te e che lavora per il tuo bene... e che ti protegge dal male... Molto bene...
Ora contando cinque... ti tocco le gambe, le braccia, la fronte... Puoi sciogliere tutte le ultime tensioni... puoi sciogliere il tuo corpo... allo stesso modo in cui hai sciolto la tua mente... Vedo che muovi le labbra... Vuoi parlare? Vuoi dirmi cos'era X? Non importa dirlo... Il mio inconscio sa cos'era... lascia che comunichi con il tuo alla sua maniera... Molto bene... Ora ti toccherò di nuovo, contando quattro, poi tre, due, e alla fine il numero uno...
Ti toccherò la fronte, le gambe, le braccia... e al numero uno aprirai gli occhi... E dopo, se vuoi, puoi scrivere cos'era X su un foglio di carta e chiuderlo dentro una busta, che tu mi consegnerai. Io, senza aprirla, salirò al piano di sopra. Tu andrai alla finestra di questa stanza e ti sporgerai fuori e io, dal piano di sopra, strapperò la busta in tanti piccoli pezzettini che ti cadranno addosso come piccoli e minuscoli fiocchi di neve. Buon Natale, Sonia!».
Lo facemmo sul serio. Le piacque molto. Poi mi disse: «Sai, prima ho vissuto anche la mia morte!». Io le risposi: «Eri andata troppo avanti, vero? Oppure troppo indietro. Chi lo sa? La prossima volta andremo a vedere cosa c'è dietro la linea dell'orizzonte».
Qualsiasi cosa troveremo in questo percorso all'indietro fino al dolce dondolio del grembo materno, sarà qualcosa che siamo stati ma che ora non siamo più o, sarebbe meglio dire, non siamo più solo quello.

Le metafore

Affrontando i problemi con racconti riferiti ad altri individui e situazioni, le metafore aiutano la persona a evitare l'ansia di un coinvolgimento diretto.

Erickson era convinto che una persona poteva imparare molto quando riusciva a superare le avversità, perciò, quando aveva a che fare con qualcuno che aveva scarsa stima di sé e che non riusciva a trovare degli stimoli per migliorarsi, spesso raccontava degli episodi della propria vita.

Raccontava di quando da bambino aveva avuto la poliomielite. Dal letto su cui era costretto a vivere, aveva imparato il linguaggio non verbale di tutti quelli che gli stavano intorno.

Un giorno si aggravò. Lo aveva capito dal comportamento della madre. Allora fece spostare una cassapanca che gli impediva di vedere fuori della finestra. Per nessuna ragione al mondo poteva, prima di morire, rinunciare allo spettacolo del tramonto! Lentamente, con grandissimo sforzo, cominciò a guarire. Erickson spesso terminava il racconto della propria vita ricordando alla persona che, nonostante la poliomielite avuta da bambino, ora camminava benissimo, a parte un'impercettibile zoppia che volutamente accentuava per intenerire il cameriere quando non trovava posto ai tavoli del ristorante!

Le persone cui il racconto metaforico è diretto possono utilizzarne il contenuto a modo proprio e possono cogliere quei significati che si applicano alla loro situazione particolare. È preferibile che le metafore siano generiche, non particolarmente soggettive, in modo tale da potersi rifare a esperienze passate della persona. Sarà poi questa a prendere ciò che le serve.

Il modello, i racconti, la parabola, la favola, l'allegoria e il mito sono i diversi aspetti della metafora. La metafora è il linguaggio dell'emisfero cerebrale destro, che comprende anche la poesia e il linguaggio non verbale. Le metafore, come afferma Barker, rappresentano un modello di comunicazione per il cambiamento che può influenzare direttamente l'inconscio della persona. I racconti metaforici sono più interessanti e più garbati della diretta esposizione delle cose che si desiderano sottolineare. Possono catturare l'immaginazione. **Più la metafora è vaga, più la persona attinge alle proprie risorse per colmare le lacune.**

Non esiste quindi la metafora buona per tutte le stagioni, bensì la metafora adatta in quella particolare situazione, per quella particolare persona. **La metafora può mettere in moto nella persona un processo d'analogia e d'identificazione, nonché d'apprendimento e d'elaborazione, e può diventare la base di un suo cambiamento.**

La metafora è molto efficace con i bambini: può diventare una piacevole favola che si rifà al loro immaginario.

La metafora può spiegare dei concetti in un modo meno razionale, facendo prevalere altre forme di valutazione.

Conta, come sempre, il modo in cui la si narra, la metafora. Quello che si dice lo si deve sentire dentro. Può essere utile, all'inizio, per coinvolgere la persona; durante l'induzione, per approfondirla e alla fine, per sdrammatizzarla. A volte i contenuti espressi dalla metafora possono diventare

LA METAFORA DI PICCOLO PICCOLO

Nella contea di Buda erano nati nello stesso giorno due bambini: uno era veramente piccino, e per questo motivo lo chiamarono Piccolo Piccolo, l'altro invece era grande e forte, e perciò lo chiamarono Schwarzenegger.
Piccolo Piccolo voleva diventare grande e forte come Schwarzenegger, allora andò a cercare un maestro taoista affinché lo aiutasse. Il maestro gli disse di allenarsi dieci ore al giorno. Piccolo Piccolo lo fece, ma non successe nulla. Tornò allora dal maestro, il quale gli disse di allenarsi ancora di più, per quindici ore al giorno. Piccolo Piccolo seguì il consiglio, ma non bastò ancora, perché, non appena affrontò Schwarzenegger, fu sconfitto. Piccolo Piccolo tornò avvilito dal maestro, che serenamente gli disse di allenarsi ancora di più, per venti ore al giorno. Piccolo Piccolo eseguì, ma, quando incontrò in campo aperto Schwarzenegger, andò a finire come la volta precedente. Tornò dal maestro ancora più avvilito. Il maestro lo guardò negli occhi e gli disse: «Devi allenarti ancora di più. Non diventerai mai forte come lui, perché ciò è nella natura delle cose e noi dobbiamo sempre seguire il ritmo naturale del mondo. Hai mai pensato che, se in questa assurda gara tu non ti ponessi come modello Schwarzenegger ma te stesso, in altri campi lo avresti, con facilità e senza allenarti, già sconfitto più volte? Ma io voglio aiutarti ancora. Ti insegnerò le antiche arti marziali e tu lo sconfiggerai con un po' di furbizia. Ma devi allenarti ventiquattr'ore al giorno!».
Piccolo Piccolo aveva finalmente capito, era però sconcertato dal fatto di doversi allenare ventiquattr'ore al giorno. Allora chiese: «Ma, maestro, e dormire?». Il maestro lo guardò sorridendo e gli disse: «Dopo!».
Tutto quello che potrebbe essere è possibile che sia, anche le cose più impensate. Nessuna cosa è un problema se non l'affrontiamo come un problema.

i contenuti dell'induzione stessa. Tutte le storie narrate in questo libro sono ricche di metafore.
Mi viene in mente una metafora che ho usato come stimolo per superare i limiti abituali. È la storia di Piccolo Piccolo e Schwarzenegger (vedi pp. 144-145).

MORBO DI PARKINSON? DEPRESSIONE

Edgar era un uomo di cinquantanove anni. Camminava, sostenuto dalla moglie, a piccoli passi esitanti, a testa bassa, le mani scosse da un intenso tremolio, parlava in modo strascicato e scoordinato. Era stato autista del direttore generale di un'importante ditta farmaceutica svizzera, posto di cui andava fiero, che gli aveva dato la possibilità di girare l'Europa, ascoltando le confidenze del direttore e assumendosi diverse responsabilità.
Tre anni prima aveva avuto un incidente alla guida della propria autovettura, mentre era in compagnia della moglie. Pur gravemente ferito, riuscì ad alzarsi per cercare la moglie, non la trovò, era disperato, mentre la macchina da cui era stato sbalzato era in fiamme. Pensò che la donna fosse rimasta intrappolata nell'auto e che stesse bruciando, invece essa era riversa senza conoscenza, pur ferita in modo lieve, nel fosso, dall'altra parte della strada.
Il ricovero in ospedale durò due mesi e dopo poco fu nuovamente ricoverato per la sintomatologia che portò alla formulazione della diagnosi di morbo di Parkinson. Per motivi di salute fu posto in pensionamento anticipato.
Parlai a lungo con lui e nacque una certa empatia: gli proposi l'ipnosi. A quel tempo la praticavo in una stanza sotto lo studio, a cui si accedeva con una scala a chiocciola: per lui scenderla fu un autentico calvario, sostenuto dalla moglie e con la continua paura di cadere.
Iniziai guidandolo a compiere degli esercizi di rilassamento muscolare. Gli dissi che tutto quello che non riusciva a fare fisicamente, poteva, se lo desiderava, realizzarlo solo mentalmente.
Gli dissi di afferrare le proprie cosce e di spingere, massaggiando molto lentamente, verso il basso i muscoli della gamba, in modo da portare il peso del corpo verso i polpacci, verso i piedi, fino a scaricarlo sulla pianta del piede, che avrebbe superato il limite di quella superficie dura del pavimento in piastrelle, fino a sentire una superficie soffice come la creta, come la sabbia fine in cui poteva sprofondare fino ad abbandonarsi completamente. Gli suggerii che il suo peso poteva annullarsi finché il suo corpo poteva galleggiare liberamente nell'aria.
Poi, gli dissi di chiudere le mani, con il pollice dentro le dita, stringendolo in una contrattura estrema. Gli dissi che a volte ci sentiamo protetti, chiusi dentro di noi,

come se fossimo tra le alte mura di un castello, ma se è vero che nessuno può entrare, è anche vero che noi non possiamo uscire. Quella protezione diventa la nostra prigione.

Poi gli suggerii di riaprire lentamente le mani, di guardarle mentre le faceva ruotare piano, e di sentire filtrare, tra gli spazi delle dita, i raggi di un sole caldo che riporta alla vita, che fa sbocciare i fiori in primavera, che rischiara dolcemente gli angoli bui della mente, e di lasciare che le alte mura del castello cadessero, per potersi sentire libero e scoprire che il nemico è stanco come noi di combattere. E tra gli spazi fra le dita sentire l'acqua fresca che scorre come la vita, sempre uguale eppure sempre diversa.

Dissi che poteva chiudere gli occhi, chiuderli con tanta forza che potevano entrare in lui come delle palle rotanti ricoperte di pellicola fotografica, pronte a registrare e fermare tutti i momenti raccolti nella sua mente, fino alle stanze segrete che i cinesi chiamavano *kuenlen*, fino alle montagne della Luna.

Dissi che poteva ripulire quelle stanze, riempirle di nuovo di aria e luce e ritrovare ricordi, situazioni, immagini piacevoli, serene per costruire il futuro.

Poi, se voleva, poteva riaprire gli occhi, con tutte le immagini che avevano raccolto, lasciando dentro la mente una scia luminosa di speranza del suo colore preferito.

A questo punto gli chiesi quale momento della sua vita avrebbe desiderato rivivere, ma lo guidai, per evitare che ritrovasse momenti della sua vita di lavoro che avrebbero potuto acuire i suoi rimpianti, a ritrovare la sua giovinezza. Non fino all'infanzia; perché nel colloquio precedente mi aveva detto di non essere stato completamente accettato.

La madre, altoatesina di lingua tedesca, lo aveva avuto da un rapporto clandestino. Lui era il figlio della colpa e del disonore e, come tale, la sua infanzia era stata difficile. La sua giovinezza in Alto Adige però era stata felice: bell'uomo, grande sciatore, con tante amicizie che gli riempivano la vita.

Lo guidai a rivivere il momento in cui sciava: c'erano il pendio innevato, gli alberi carichi di neve, gli abeti che pendevano lungo il crinale, le montagne imbiancate, il cielo soffuso di luce, il sole alto nel cielo e lui, sugli sci, con il berretto in testa e gli occhiali, che scendeva lungo il crinale con due amiche tedesche; si stava divertendo, sereno senza pensieri, e giocavano, ridevano, si tagliavano la strada; una cadeva e lui le si rovesciava sopra, e ridevano ancora toccandosi e baciandosi.

In trance sulla poltrona cominciò a sorridere. Continuai a guidarlo e ancora lo feci sciare su piste lunghissime, più volte. La sua voce cambiava, i suoi occhi, in trance profonda, erano aperti a fuoco sulla realtà immaginata.

Affermai che potevamo rendere tutto ancora più intenso e che avrebbe potuto vedere e rivivere questi avvenimenti ogni volta che lo avesse desiderato, con facilità, se avessimo creato una chiave che poteva aprire quella porta nella sua mente.

Per questo avrei contato fino a dieci, e a ogni numero, il suo rilassamento e il suo piacere sarebbero aumentati e avrebbe poi potuto farlo, da solo, contando dieci respiri profondi e tranquilli. Lo feci uscire dallo stato di ipnosi e lo invitai a provare da solo, e mentre rimanevo in silenzio, lui contò e sviluppò di nuovo la trance e lo stesso vissuto.

Gli dissi quindi che, per tornare indietro, per chiudere quella porta conservando l'immagine e il piacevole ricordo, poteva contare all'indietro da dieci a uno. Al risveglio mi disse che era riuscito solo parzialmente, che gli era mancata la mia voce a guidarlo, ma comunque aveva di nuovo rivissuto la scena e che tutto era stato molto piacevole.

Quando al termine della seduta risalì le scale, lo fece da solo, quasi di corsa, con sicurezza.

Mi salutò parlando normalmente e mi strinse la mano, guardandomi negli occhi. Le sue mani non tremavano, i suoi piedi erano saldi. Questo effetto si mantenne fin verso sera, poi riprese l'atteggiamento abituale.

Questa situazione di trasformazione e cambiamento continuò nelle sedute successive. Poi la terapia arrivò a un punto di stallo, non solo non migliorava, ma tendeva a regredire. Nella sua vita mancavano stimoli per continuare a evolvere fino alla guarigione completa.

Approfittai dell'occasione datami da una malattia della moglie, un fibroma uterino per cui doveva essere operata. Gli dissi: **«Credo che sarà molto difficile salire sull'autobus per andare a trovare sua moglie in ospedale, sarà molto difficile portarle qualcosa di buono, preparato con le sue mani, sarà molto difficile, però sarebbe molto bello se potesse farlo»**. Mi rispose: **«Certo, sarà molto difficile»**. Commentai che sarebbe stato forse sufficiente che lui salisse sull'autobus, poi qualcosa di buono avrebbe sempre potuto acquistarlo da qualche parte.

Da tre anni, cioè dall'incidente d'auto, non usciva mai di casa da solo, non guidava più l'auto né aveva mai più preso alcun mezzo, né pubblico né privato, se non era accompagnato e sostenuto dalla moglie. E anche con la moglie usciva molto raramente. Il reale significato del mio messaggio era, e come tale fu recepito e realizzato, che uscire da solo sentendosi tranquillamente autosufficiente, sarebbe stato certo difficile, ma possibile.

Tornò a Torino dove risiedeva; la moglie fu ricoverata e lui fece tutte queste cose. Si sentì importante e necessario, perché finalmente la moglie poteva contare su di lui. I ruoli si erano invertiti e il suo nuovo "status" gli piaceva, gli dava una sensazione di forza e potenza.

A un controllo dopo sei mesi la situazione era stabilizzata: della sua sintomatologia fisica rimanevano alcuni tremolii e alcune esitazioni nel camminare, che, come mi riferirono lui e la moglie, a volte scomparivano del tutto e a volte peggioravano un po'; nel vissuto psichico vi erano ancora paura e insicurezza, anch'esse altalenanti, ma non più limitanti per una quotidiana vita normale.

Edgar non poteva più tornare indietro, perché aveva sperimentato nella realtà le sue possibilità.

Vi erano delle componenti psichiche della sintomatologia: il trauma dovuto all'incidente, il senso di colpa suscitato dal timore che la moglie stesse bruciando, gli effetti delle limitazioni fisiche dovute alle ferite, il vissuto di due mesi di ospedalizzazione, l'evolversi sempre in peggio della sintomatologia, effetto e causa di un vissuto sempre più negativo.

Certo, l'ipnosi era ottima per farlo stare meglio, e a volte anche decisamente bene, ma non avrebbe potuto mai guarirlo completamente, perché il "suo morbo di Parkinson" non poteva guarire. Probabilmente perché rimanere "un po' malato" avrebbe sempre potuto servirgli per mascherare e giustificare, di fronte a se stesso e agli altri, i suoi momenti di abulia e il desiderio di non assumersi più responsabilità, in cui avrebbe potuto tragicamente fallire, come aveva fatto guidando la macchina il giorno dell'incidente.

I risultati comunque sono stati molto soddisfacenti: il paziente e la moglie ne sono felici; anche se la soddisfazione del terapeuta è temperata dalle possibilità che avrebbero potuto esserci, e non ci sono state, per ottenere una guarigione completa da tutti i punti di vista. D'altra parte è impossibile, e forse non sarebbe etico, condurre una psicoterapia oltre la disponibilità, i desideri e le convinzioni di un paziente.

AMICIZIA. «PROMETTIMI CHE MI AIUTERAI A MORIRE!»

Conobbi Maria e Filiberto nella stagione di mezzo, quanto le foglie non avevano ancora deciso se restare verdi o diventare gialle come una salamandra. Fu un'amicizia che continuò per trent'anni. Ci perdemmo di vista per un po' di tempo finché una sera Filiberto mi telefonò per dirmi che Maria aveva un tumore incurabile. L'indomani stesso andai a trovarli. Filiberto si prodigava in mille modi, consultando i migliori specialisti, e la curava a casa, per non farle sentire la tristezza degli ospedali. Maria era smagrita in volto e nel corpo, la voce era flebile, i movimenti lenti e impacciati. Maria non sapeva del terribile male che portava dentro, ma... qualcosa intuiva. Intuiva che dietro quelle maggiori attenzioni che le erano riservate c'era qualcosa che non le veniva detto. Vedeva sul suo corpo quei segni che nulla hanno a che fare con l'età. Vedeva Filiberto sempre uguale, mentre lei si vedeva sempre più vecchia ed emaciata, come se il tempo, per loro, corresse diversamente.

Prima di congedarmi, approfittando del fatto che Filiberto si era assentato per un attimo, Maria mi fissò negli occhi e mi disse: «Promettimi che, se dovessi avere un brutto male, me lo dirai! Promettimi che, se lo avessi veramente, mi aiuterai a morire!». Dicendo questo, mi prese ambedue le mani, afferrandole in una morsa disperata. Io non riuscii a trovare una battuta per sdrammatizzare.

Restai in silenzio. I miei occhi, fissi nei suoi, condivisero quell'immensa disperazione. Non riuscivo a dimenticare quello sguardo. Passò un lungo e interminabile mese. Filiberto al telefono mi informava delle condizioni di Maria. La situazione sembrava peggiorare di giorno in giorno. Una sera, decisi, senza consultare Filiberto, di tornare a trovarli.

Filiberto era provato e stanco, ma non aveva perso la sua fiducia e la voglia di fare tutto ciò che poteva. Maria era immobile nel letto, oramai non riusciva più ad alzarsi. Aveva perso l'uso delle gambe e Filiberto doveva accudirla anche nei bisogni corporali: cosa di cui lei si vergognava terribilmente. Quello che più mi colpì fu l'aspetto di Maria, tanto che, all'inizio, ne fui quasi terrorizzato.

Maria era ridotta a pelle e ossa, al posto dei suoi bei capelli aveva dei ciuffi radi, imbiancati precocemente, la mandibola si apriva con lentezza, meccanicamente, e la voce era lenta e sussurrata. Il suo corpo era roso da un tarlo che lo aveva completamente consumato. Filiberto sembrava non rendersi conto della situazione. Lo pregai di chiamare un prete, per farle avere i sacramenti.

Maria era profondamente religiosa e lo avrebbe apprezzato. Restai con Maria e parlai di quella cena che lei e Filiberto avevano fatto in quel ristorantino di Parigi, della quale tante volte mi avevano raccontato. Maria ricordava perfettamente la magia di quella sera, che li aveva avvolti entrambi, al lume di una candela, tra le note soffici di una canzone, che aveva fatto fremere il loro corpo e la loro anima. Maria mi chiese se la morte era vicina. Io le risposi di sì e confermai che ero lì per fare quello che mi aveva chiesto: aiutarla a morire. Mi chiese come sarebbe stata dopo la morte. Le dissi che non lo sapevo con certezza, ma ero convinto che il suo corpo sarebbe tornato bello, come quella sera a Parigi. Aggiunsi che non ci sarebbe stato più il dolore, e la pace sarebbe stata immensa. Le parlai dell'albero della vita, dell'inizio delle cose e del loro tramonto. Le parlai di quell'apparente fragile albero, che si piega al vento senza spezzarsi. Le parlai della sua crescita, dell'ombra che gettava intorno con i suoi rami colmi di foglie, sui quali si posavano uccelli dai variopinti colori e sotto i quali i fugaci amanti si nascondevano agli occhi del mondo. E poi le parlai della pioggia, che penetrava nelle sue radici trasmettendovi linfa vitale e nutrimento. E ancora della stagione dell'autunno in cui, dopo l'esplosione dei colori, le foglie cadevano fino a rivelare la sua fragile nudità. E poi dell'inverno, della morte apparente delle cose, in attesa della rinascita a primavera, svegliata dal mormorio dei tanti discorsi dei ruscelli. Aggiunsi che quel cammino che avevo iniziato, lo avrebbe continuato, di lì a poco, con il sacerdote. Maria mi guardò con affetto e mi raccomandò di restare vicino a Filiberto. Mi resi conto che non c'era altro da aggiungere. Ora, Maria aveva gli occhi sereni. Il suo viso sembrava bello. La baciai dolcemente nell'incavo scavato delle guance. Quella fu l'ultima volta che la vidi.

Durante quella stessa notte, Maria spirò serenamente, sottraendo la sua anima allo scempio del corpo.

Le suggestioni postipnotiche, ovvero il ricalco anticipato

Sono la previsione di fatti non ancora accaduti ma che potrebbero accadere, basati sull'osservazione di mutamenti già avvenuti durante l'induzione.

La suggestione postipnotica rappresenta solitamente il momento culminante dell'induzione, in cui si concentra tutto quello che si desidera ottenere dalla seduta d'ipnosi. È evidente che, senza tutto il lavoro che la precede, sarebbe priva di significato. L'induzione d'ipnosi è un procedimento complesso, che si sviluppa, passo dopo passo, attraverso tutta una serie di frammenti all'apparenza insignificanti che poi si incastonano fra loro come in un puzzle, fino a completare e delineare una figura dal contenuto chiaro. Le suggestioni postipnotiche sono spesso espresse in doppio legame terapeutico perché questo tipo di comunicazione amplifica ulteriormente l'impatto del messaggio di previsione, che resta impresso nella mente inconscia.

Facciamo alcuni esempi, tratti dall'induzione di Carlotta (nel capitolo delle istruzioni paradossali).

Per esempio, la frase: «E tornando a casa, in auto, oltre alla tua naturale curiosità che ti spingerà a guardare fuori del finestrino...

ci saranno, in quel viaggio, tanti momenti di silenzio ma anche tanti momenti in cui tuo marito ti farà delle domande e tu darai delle risposte...» è una suggestione postipnotica in doppio legame. Le istruzioni comprendono tutto quello che normalmente Carlotta farà, vale a dire parlerà, rispondendo alle domande del marito che certamente vorrà sapere cosa le ho detto e cosa le ho fatto, oppure starà in silenzio guardando fuori del finestrino. Il limite dei messaggi in doppio legame è lo stesso limite di qualsiasi tipo di comunicazione, cioè l'accettazione da parte della persona. Ma in stato di alterata coscienza, la recettività è massima per questo tipo di messaggi, che mettono in movimento un sacco di cose e, se formulati nel momento della suggestione postipnotica, stimolano cambiamenti di tale importanza che vanno spesso al di là del messaggio stesso. In altre parole, la persona farà molto di più di quello che è stimolata a fare. Il secondo doppio legame è: «E ci saranno altri momenti in cui ti verrà voglia di chiedere delle cose e vedrai che troverai il coraggio di farlo... d'altra parte il desiderarlo dentro è già un grande cambiamento...». La parola "grande" non è solo una gratificazione e un riconoscimento dei suoi sforzi, ma è la constatazione clinica che una persona in tale situazione di grave depressione, se anche solo desidera delle cose, è già in una fase di interesse per la vita che la fa uscire dal limbo in cui si era perduta.

È chiaro che dentro Carlotta tante cose si muoveranno da subito e che poi i cambiamenti avverranno a valanga, senza più limiti e confini!

IL PROBLEMA SCONOSCIUTO DI MAX. LA TENSIONE MUSCOLARE. SEGRETI

Max era curioso di provare l'ipnosi. Io ero altrettanto curioso di sapere se dietro quella richiesta si celava qualcos'altro di non confessato, in quanto Max era estremamente teso. C'era un qualche cosa in più di quella naturale tensione che precede un'esperienza nuova. I muscoli che potevo vedere erano contratti: le spalle, il collo, le mani chiuse ad artiglio e anche quelli della faccia, tanto da dargli un'espressione corrugata del viso che lo faceva sembrare più vecchio della sua giovane età. Lo feci accomodare.

Gli chiesi, all'improvviso, da quanto tempo soffriva di disturbi muscolari. Max mi guardò stupito. Sembrava un pugile appena colpito sotto la cintura. Cambiò la respirazione, che divenne più rapida e superficiale, mentre delle goccioline di sudore gli scendevano dalle tempie. Mi pareva una reazione comunque spropositata per quello che avevo appena detto. Assunsi un tono dolce e gli spiegai: «Non vorrei che pensasse che io le abbia letto nel pensiero!

Ho semplicemente potuto notare che i suoi muscoli erano contratti. Come l'ho visto io, l'hanno sicuramente visto anche altri. Io credo che un'amicizia possa iniziare e continuare solo quando all'amico si dice la verità. Mi rendo conto che questa tensione è fastidiosa per lei. Se lo desidera, possiamo provare a eliminarla». Max mi guardò più sollevato.
Ripresi: «Bene... Ora ci mettiamo seduti uno di fronte all'altro... I muscoli sono uniti da invisibili fili... Quello che succede a un muscolo si trasmette successivamente a tutti gli altri... Potremmo cominciare a rilassare i muscoli più lontani... iniziando da quelli del piede destro... Allora io conto uno, due, tre. Al tre sollevo completamente il tallone e porto tutto il peso del corpo sulla punta del piede... Certamente una ballerina si solleverebbe sulle sue punte molto meglio... ma ciascuno di noi riesce meglio in qualcosa... e magari... è meno bravo a fare qualcos'altro... ».
È una comunicazione in doppio legame. Il presupposto è di fornire una falsa alternativa tra l'essere più bravo a fare qualcosa e meno bravo a fare qualcos'altro; a parte l'ovvietà dell'affermazione, la comunicazione rappresenta un modo per lodare la persona e per comunicare messaggi positivi, in quanto Max in ogni caso è bravo oppure è meno bravo, ma mai incapace. Se la persona accetta questo tipo di comunicazione, accetta anche il messaggio che è racchiuso nella comunicazione stessa, cioè accetta di essere più o meno brava a seconda delle cose che farà, ma comunque si sentirà sempre in grado di farle.
Riprendiamo: «Vedo che annuisce... Molto bene... Ora... possiamo cominciare a lasciare scendere giù il tallone e al quattro appoggiarlo completamente su questo pavimento disegnato a scacchi bianchi e neri... e... potremmo andare oltre il limite apparente delle cose... e immaginare di avere sotto i nostri piedi non una superficie dura come questa... ma... qualcosa di plastico, duttile... come creta... che ci possa far sprofondare lentamente e dolcemente... liberandoci dal peso della mente e del corpo... Molto bene... Apparentemente ho fatto quasi tutto io... ma ho potuto notare che lei ha seguito molto attentamente quello che io facevo... ha imparato benissimo... e sicuramente nella sua mente ha fatto ancora di meglio... Bene... Allora, farà da solo la stessa cosa... con l'altro piede». Max lo fece, ed era assorto mente lo faceva. Io ripresi: «Ora potremmo estendere la gamba alla stessa altezza della coscia, tenendo la punta del piede rivolta verso l'alto... Potremmo farlo rapidamente perché questa posizione è un po' scomoda... Ora... vorrei che immaginasse tutto quello che vuole immaginare... Ma... se lo desidera... posso proporle quello che, in questo momento, sto immaginando io... Forse sarà per le mie scarpe nere... ma sto ricordando una scena che ho visto al circo, quando ero bambino... Ricordo che c'era una foca, che sul-

la punta del suo naso faceva ruotare una palla... colorata a spicchi... C'era del giallo, del rosso, del blu, del bianco e del verde... E man mano che la palla girava sempre più vorticosamente... i colori scomparivano... E in quella palla... lei ci puoi mettere dentro... tutte le tensioni... le domande a cui non trova risposta... i pensieri che a volte assalgono la mente... le contratture... quelle piccole paure delle notti senza stelle... Molto bene... Max... Vedo che sta cercando una stella... guardandosi intorno in questa stanza... Ne possiamo creare tante di stelle... Posso accendere quella grande lampada sul tavolo... e poi quella lampada a stelo nell'angolo laggiù in fondo... Allora lo facciamo subito... Molto bene... Max... Mi rendo conto dall'espressione del suo viso... che le stelle hanno funzionato... e che la sua paura se ne va ronzando come una zanzara... Molto bene... **Forse ci può essere un po' di confusione dentro di noi... ma capita proprio così... quando le cose cominciano a mettersi a posto**... Devono assestarsi... sedimentare... Ci vuole il giusto tempo per ogni cosa... Mi rendo piacevolmente conto... osservando i suoi lineamenti finalmente rilassati... che quel giusto tempo è arrivato... Se lo goda ancora... Non so cos'era che disturbava la sua quiete... Ora che tutto se ne è andato o se ne sta andando... non è più necessario saperlo... E tante altre cose finiranno per mettersi a posto... nei mesi a venire o forse già nelle prossime settimane... o addirittura domani... e magari oggi stesso... Ogni mattina... quando si sveglierà e si guarderà allo specchio... e piacevolmente scoprirà che un altro piccolissimo muscolo del suo viso si è rilassato... e darà una piacevole espressione al suo sorriso... Sì, lo so... lo sento... che lei è andato molto al di là delle mie parole... Forse non occorre fare più nulla... perché tutto è stato già fatto... Ma chissà! Ci sono forse... ancora dei pensieri, delle cose, delle situazioni... che potremmo eliminare... facendole entrare in quella grande palla, che gira vorticosamente. E magari ora potremmo mandarla lontano». Max diede un calcio all'immaginaria palla... Ripresi: «Sì, così... Molto bene... Un grande calcio... con tutta la forza che abbiamo... in modo da vederla rimbalzare nel giardino... oltre la siepe, oltre le colline, oltre le montagne... e poi più giù ancora... verso il mare della Grecia... e al largo dell'isola di Rodi... affondare per sempre... definitivamente... La vedo contento dell'affondamento... Non sarà stato per caso lei con il Titanici Mi sta dicendo di no? Ma... come faccio a capire la verità con quell'eterno sorriso che ha stampato sul viso? Ora potremmo... se ce ne fosse ancora bisogno... rilassare altri muscoli... che prima, molto tempo fa erano tesi... Ricordo... quelle mani che stringevano ad artiglio... qualcosa che non si poteva afferrare... o forse era semplicemente qualcosa... che per troppo tempo era stato chiuso dentro... Forse ora non ce n'è più bisogno... Vedo, e lei stesso può vedere... e rendersi piacevolmente conto... che le sue mani sono allargate a ventaglio... aperte in tutte le direzioni... Molto bene... Ha fatto tutto lei... Vuol dire che era il tempo per farlo... e lei lo ha fatto! Ora potremmo fare un bel respiro profondo... che accompagni la nostra testa all'indietro... Molto bene... E lasciare che la nostra testa... come un'antica anfora greca... colma di un vino oramai inacidito... possa svuotarsi completamente e definitivamente. E... che possa liberarsi la mente... nei suoi percorsi che sembravano apparentemente ostruiti... mentre in realtà erano larghi come autostrade... Tante cose sembravano in un certo modo... e in realtà sono in un altro... I segreti... solchi della memoria... fino al momento in cui si sono coperti di germogli... e che poi si copriranno dei frutti che verranno... Molto bene... Ora vorrei che aprisse gli occhi, magari aiutandoli con un sorriso».

Quello che mi sta chiedendo Max è molto di più di una semplice curiosità; lui mi sta chiedendo di aiutarlo a risolvere un problema che non vuole o non può comunicarmi, ma che lo tormenta profondamente. Dato che l'unica cosa che Max mi ha concesso è stato il trattamento della sua tensione muscolare, ho proceduto in quella direzione, elaborando le sue tensioni e cercando di sciogliere assieme ai suoi muscoli anche le sue idee.

Ci sono in questa seduta molte proposte di cambiamento che portano Max a ristrutturare i propri problemi. Facciamo un primo esempio: «E che possa liberarsi la mente nei suoi percorsi che sembravano apparentemente ostruiti, mentre in realtà erano larghi come autostrade... Tante cose che sembravano in un certo modo e in realtà sono in un altro... Solchi della memoria fino al momento in cui si sono coperti di germogli e che poi si copriranno dei frutti che verranno» è una ristrutturazione spaziotemporale che porta a vedere le cose da differenti punti di vista.

È come se i nostri occhi potessero guardare le cose in modo tridimensionale e il tempo venisse valutato nella sua totalità di passato, presente e futuro. È il proporre, nella realtà, il meccanismo che si manifesta nel sogno. Una cosa negativa come la confusione viene addolcita fin dall'inizio, facendola precedere dal termine "po'"; successivamente viene del tutto trasformata nei suoi significati, facendola diventare un'altra cosa, vale a dire punto di passaggio e parte integrante di un processo positivo, che è già in corso. Allo stesso modo i segreti che tormentavano Max diventano germogli, cioè un qualcosa che cambierà giorno dopo giorno, in un cammino inarrestabile, fino alla maturazione completa: quello che resta, oramai vino inacidito, può svuotarsi definitivamente all'esterno come da un'anfora.

Queste ristrutturazioni sono espresse in metafore che rappresentano un modo indiretto e più dolce per ottenere un cambiamento.

Il cambiamento di punto di vista sui suoi problemi trovò una prima conferma nel modo di tenere le mani, non più chiuse ad artiglio, ma aperte come un ventaglio in tutte le direzioni.
Ma le conferme definitive vennero dal mutamento del suo comportamento generale, dal cambiamento del suo viso aperto al sorriso e recettivo alle battute e dall'osservazione dei suoi occhi, che diventavano limpidi e sereni.
Durante l'induzione usai volutamente dei termini vaghi e in questa specifica seduta accentuai ancora di più questa caratteristica della comunicazione, in quanto non conoscevo il problema di Max. Io non sapevo in che cosa Max fosse bravo o non lo fosse, quindi non specificai mai il soggetto, ossia ciò di cui si parlava. Quando Max faceva delle cose lo lodavo perché aveva fatto; se invece non faceva, lo lodavo perché aveva pensato di farle.
Le spiegazioni che ho dato a Max a volte potevano sembrare apparentemente non logiche. In verità io stavo comunicando con il suo inconscio e quindi dovevo usare il suo linguaggio che, per certi versi, era a più dimensioni, nel senso che una parola poteva significare diverse cose. Alle parole: «quelle piccole paure delle notti senza stelle» Max ha avuto un'evidente reazione e io gli ho fornito delle alternative che potevo trovare in quella stanza, alternative di luce che lui ha valutato e successivamente accettato.
Non ho ingigantito le sue paure chiedendogli quali fossero, anche perché dovevo rispettare la sua scelta, che era quella di non volermele comunicare. Le stelle di luce hanno funzionato e la sua paura se n'è andata, ronzando come una zanzara. Ho proposto una zanzara perché mi pareva che un animaletto così piccolo, fastidioso, ma in un qualche modo facilmente eliminabile, potesse identificare e focalizzare la sua paura.
Se pongo delle alternative e delle possibili soluzioni, le soluzioni devono essere migliori del problema e facilmente realizzabili. Forse si era tormentato già a sufficienza nel valutare i suoi problemi dal punto di vista razionale e gli input di cui aveva bisogno erano di tipo immaginifico. Un chiaro segnale che le cose si stanno mettendo a posto è quando la persona comincia ad accettare che vengano ribaltati, ristrutturati e confusi fatti e concetti negativi, facendoli diventare qualcosa con evidenti connotazioni di positività e di operatività, proiettati nel futuro. Bisogna fare comprendere che il tempo è un nostro alleato, in quanto, sedimentando la melma, può emergere l'acqua pura.
Quando ho detto a Max: «Ci vuole il giusto tempo per ogni cosa» lui ha anticipato le cose, decidendo che quel tempo era arrivato.
Ha deciso che era preferibile stare bene piuttosto che stare male. Dette così le cose, tutto sembra molto semplice ma, in re-

altà, questa scelta di vita presuppone un profondo lavoro interiore; per tale motivo la gratificazione della persona non è più solo un fatto formale o di modalità di comunicazione, ma diventa il dovuto riconoscimento del suo impegno. Terminiamo con la suggestione posti-ipnotica: «E tante altre cose finiranno per mettersi a posto nei mesi a venire e forse già nelle prossime settimane o addirittura domani e magari oggi stesso...».

Il futuro viene previsto in senso inverso, cioè si prevede che accadranno fatti abbastanza lontani, nella valutazione che la persona ha bisogno di tempo per realizzarli, e progressivamente tale prospettiva di realizzazione la si avvicina al presente. È un'elaborazione di situazioni ambientali e personali che non sono ancora accadute, ci sono però già precisi segnali che facilmente avverranno. **È un'elaborazione immaginifica ma non immaginaria.**

Bibliografia

Adler A., *Prassi e teoria della psicologia individuale*, Astrolabio, Roma 1967

Arone di Bertolino R., *Pubblicazioni scientifiche*, in «Lezioni didattiche della Società medica Italiana di Ipnosi e Psicoterapia» (Bologna 1987-2000)

Arone di Bertolino R., *L'ipnosi per un medico*, Edizione Martina, Bologna 2003

Bandler R., Grinder J., *Ipnosi e trasformazione*, Astrolabio, Roma 1983

Bandler R., Grinder J., *La struttura della magia*, Astrolabio, Roma 1981

Barker R., *L'uso della metafora in psicoterapia*, Astrolabio, Roma 1987

Dilts R., Grinder J., Bandler R., Bandler L.C., De Lozier J., *Programmazione neurolinguistica*, Astrolabio, Roma 1982

Erickson M.H., *La mia voce ti accompagnerà* (a cura di S. Rosen), Astrolabio, Roma 1983

Erickson M.H., *La ristrutturazione della vita con l'ipnosi* (a cura di E. Rossi e M. O'Ryan), Astrolabio, Roma 1987

Erickson M.H., *Le nuove vie dell'ipnosi* (a cura di J. Haley), Astrolabio, Roma 1978

Erickson M.H., *Opere complete* (Vol. I, *La natura dell'ipnosi e la suggestione*; Vol. II, *Alterazione ipnotica dei processi sensoriali percettivi e fisiologici*; Vol. III, *L'indagine ipnotica dei processi psicodinamici*; Vol. IV, *L'ipnoterapia innovatrice*). Astrolabio, Roma 1982-1984

Ferrucci P., *Crescere. Teoria e pratica della psicosintesi*, Astrolabio, Roma 1981

Freud S., *Metapsicologia*, Newton Compton, Roma 1979 (VII ed.)

Freud S., *Opere di Sigmund Freud*, Boringhieri, Torino 1967

Freud S., *Psicoanalisi*, Boringhieri, Torino 1963

Freud S., *Sogno, ipnosi e suggestione*, Newton Compton, Roma 1977 (IV ed.)

Freud S., *Tecnica e pratica della psicoanalisi*, Newton Compton, Roma 1977 (IV ed.)

Gamberini A., Terni M., Menghi N., *Pubblicazioni scientifiche*, in «Lezioni didattiche della Società medica Italiana di Ipnosi e Psicoterapia» (Bologna 1987-2000)

Granone F., *L'ipnotismo*, Boringhieri, Torino 1962

Granone F., *Trattato di ipnosi*, Boringhieri, Torino 1972 (II ed.)

Granone F., *Trattato di ipnosi*, Boringhieri, Torino 1983 (III ed.)

Granone F., *Trattato di ipnosi*, Utet, Torino 1989 (V ed.)

Haley J., *Cambiare gli individui*, Astrolabio, Roma 1987

Haley J., *Terapie non comuni*, Astrolabio, Roma 1976

Jodorowsky A., *La danza della realtà*, Feltrinelli, Milano 2007

«La rivista medica italiana di psicoterapia e ipnosi», Casalecchio di Reno 1989-2000

Luscher M., *Il test dei colori*, Astrolabio, Roma 1976

Mariani Ramirez C.E., *Enfoques de hipnosis colectiva*, Andres Bello, Santiago 1969

Musatti C.L., *Trattato di psicoanalisi*, Boringhieri, Torino 1977 (III ed.)

Rorschach H., *Psychodiagnostics. A Diagnostic Test based on Perception*, Verlag Hans Huber, Berna 1998

Watzlawick R., *Il linguaggio del cambiamento*, Feltrinelli, Milano 1988 (V ed.)

Watzlawick R., Helmick Beavin J., Jackson D.D., *Pragmatica della comunicazione umana*, Astrolabio, Roma 1971

Weiss B., *Molte vite, molti maestri*, Mondadori, Milano 1988

Appunti

TITOLI IN COLLANA

Aura. Energia luminosa

Fabio Nocentini
Chakra. Le sette porte dell'energia

I cinque riti tibetani

Valentina Beggio
Cristalli. Per il benessere del corpo e della mente

Gilberto Gamberini
Ipnosi. dilatare la mente per conoscere e trasformare la realtà

Alice Ki
Feng Shui. Armonia, prosperità, benessere

Gisella Melluso
Mandala. Ritrova il Te spirituale

Paola Bertoldi
Meditazione. La riscoperta dell'armonia

Alice Ki
Prana. Energia che cura
Tantra. Il sentiero della Passione

Anastasia Miszczyszyn, Alessandra Masseglia
Rei-ki. Energia d'amore tra le mani

Silvia Francesca Ornaghi
Yoga. Percorsi di consapevolezza

Ma Anand Tea Pecunia, Daria Restani
Zen. La nostra essenza in tre lettere

FSC
www.fsc.org
MISTO
Carta da fonti gestite in maniera responsabile
FSC® C021883

Stampato presso Grafica Veneta SpA
stabilimento di Trebaseleghe